EL OBSERVADOR EN
BioNeuroEmoción

El OBSERVADOR EN BioNeuroEmoción

Enric Corbera

Con la colaboración de
Montserrat Batlló

EL GRANO DE MOSTAZA

Título: *El Observador en Bioneuroemoción*
Autor: Enric Corbera

Diseño de cubierta: Rafael Soria

Impreso en México

Depósito legal
ISBN 978-84-941873-7-7

EDICIONES EL GRANO DE MOSTAZA, S. L.
Carrer de Balmes, 394 ppal. 1.ª
08022 Barcelona, SPAIN

www.elgranodemostaza.com

A mi esposa, Mei.

Prólogo

Cuando Enric Corbera me pidió que escribiera el prólogo de este libro y que colaborara en alguno de sus capítulos, sentí una profunda ilusión. Pero debo reconocer que me enfrento a un reto importante para mí, porque debo superar la creencia de que soy mejor comunicadora que escritora.

Empecé a trabajar como enfermera en urgencias poco después de terminar los estudios. Podrán imaginar la cantidad de experiencias que pude vivir allí durante aquellos años, algunas sorprendentes, otras sin sentido, y que sin duda fueron el origen de mi pregunta al porqué de la existencia. La disparidad entre algunas de aquellas experiencias era asombrosa, hasta el punto de que modificaron profundamente mi idea y concepción de la vida. Recuerdo particularmente un día, después de cubrir con una sábana a un joven de mi edad que ingresó cadáver (entonces tenía yo unos veintidós años), que pensé: «La vida no puede ser esto, tiene que haber otra respuesta, tiene que tener un sentido».

Un tiempo después me especialicé en Fisioterapia. Trabajar de fisioterapeuta permite el contacto cercano con las personas a las que tratas, porque las visitas cada día y las acompañas en sus procesos de recuperación. Esto hace que te conviertas en una confidente. Suelen contarte lo que les preocupa, anécdotas de sus vidas, cómo les afecta el proceso. Escuchando sus historias me daba cuenta de que la relación que tenían con sus familiares o las cosas que ocurrían en sus vidas cotidianas tenían relación con sus enfermedades. Cuanto más complicadas eran las situaciones personales, más complicado era el proceso.

Con todo esto empezó mi recorrido, buscando nuevas explicaciones, leyendo sobre temas muy distintos, tanto metafísica como espiritualidad o filosofía oriental, abriéndome a nuevas experiencias que ofrecieran alguna respuesta a mis preguntas. Creer en el azar, la buena o mala suerte, no era una respuesta que pudiera aceptar.

Pero uno de los grandes regalos de la vida fue que Enric Corbera entró a formar parte de mi familia gracias a ser el marido mi hermana mayor (y mi mejor amiga). De Enric me llamaron la atención, principalmente, dos cosas: su coherencia y su inquietud por buscar y encontrar respuestas a las mismas preguntas que yo me hacía. Y sobre todo que compartía con todo el mundo cada nuevo descubrimiento, cada cosa nueva que aprendía, y lo aplicaba tanto en su vida personal como en su vida profesional. Sus conferencias y seminarios dedicados a las terapias alternativas o a la espiritualidad me han permitido cambiar de paradigma: aceptar que mi vida no da bandazos gracias al azar, sino que soy responsable de todo lo que me ocurre en ella. Esto me permite vivir cada experiencia desde una nueva perspectiva.

Lo que más me apasionó fue darme cuenta de que un síntoma no es algo que nos pase por casualidad, sino que depende de cómo vivimos una experiencia de nuestra vida. Lo experimenté cuando, después de tres años de padecer una molesta candidiasis vaginal que siempre aparecía en la misma época del año, descubrí con qué situación tenía relación. Aún recuerdo aquel momento de toma de conciencia, embarazada de mi tercer hijo, en un momento en el que no podía recibir tratamiento y en el que las cándidas me molestaban particularmente, simplemente expresé: «Nuca más voy a tener cándidas». De esto hace más de dieciocho años, y realmente no he vuelto a tener ningún episodio.

Pero también me di cuenta de que no siempre el hecho de saber que una situación te causa un síntoma es suficiente para que este desaparezca. Por lo tanto, deben influir muchos factores para que la experiencia de cada uno sea tan concreta y propia.

Siempre he creído que la vida tiene un sentido, que no estamos aquí por casualidad y que no puede ser difícil encontrarlo. Aunque no sepamos cómo, sí podemos saber cuál es el sentido de la propia vida y vivirla sacando el máximo provecho de nuestras experiencias, de la misma forma que no tengo ni idea de cómo funciona un ordenador, pero estoy escribiendo este texto utilizando uno.

Encuentro este libro particularmente emocionante porque representa la posibilidad de acceder a algunos de los conocimientos más significativos, enfocados a su aplicación práctica, para que cada persona encuentre la forma de cambiar su propia vida. Vivimos una época especialmente convulsa, y es importante tomar conciencia de nuestra responsabilidad como seres individuales, de que formamos parte de un súperorganismo llamado humanidad que configura un todo con la biodiversidad de la Tierra y del cosmos. No somos entes separados cuyas decisiones personales y particulares solo nos afectan a nivel personal. Es preciso cambiar de paradigma y olvidar viejos conocimientos que aún se enseñan en las aulas y nos conducen a callejones sin salida.

Una simple mirada al comportamiento animal y nos daremos cuenta de cuánto nos enseñan. En una manada, el líder va delante y es el primero que defiende al grupo, buscando en todo momento lo mejor para todos. No pide a ningún otro integrante que haga lo que él no quiere hacer. En la biología los comportamientos son claros, se sobrevive gracias a la cooperación, no gracias a la competencia.

Gregg Braden nos recuerda en su libro *La verdad profunda*[1] unas palabras del biólogo evolutivo Edward O. Wilson: «Nos estamos ahogando en información mientras nos morimos de sed de sabiduría. El mundo, a partir de ahora, estará regido por los

---

1 Braden, G. *La verdad profunda*. Editorial Sirio, Málaga, 2011, Pág. 63.

sintetizadores, personas capaces de reunir la información apropiada en el momento apropiado». Sin duda, si alguien merece el calificativo de sintetizador es Enric Corbera. Tiene la capacidad de capturar lo esencial de un texto o un artículo científico, sea de Biología, de Psicología o de Física Cuántica, que parece ser únicamente asequible para expertos, y transformarlo en algo accesible que pueda ser comprendido por cualquier persona y aplicable a la vida diaria.

Este libro trata de esto. En las siguientes páginas de *El Observador* pasamos por conocimientos de distintas disciplinas científicas para encontrar quién es «el Observador», qué configura mis experiencias y cómo puedo, a través de observar de otra forma, cambiar mi experiencia. Desde la partícula y el campo punto cero, el holograma, los campos morfogenéticos, la célula o la evolución biológica, hasta la psicología de Jung, el Proyecto Sentido o la genealogía, buscando responder principalmente a una pregunta: *¿cómo afecta esto a mi vida?*

El momento que vivimos actualmente exige que cada persona sea responsable de sí misma, que se comprometa a observar sus pensamientos, sus sentimientos, porque estos son los que crean nuestra realidad. Cada persona debe encontrar al «Observador».

Montserrat Batlló
Sant Cugat, enero de 2013

Introducción al Observador

Estamos en una época donde todo ocurre a gran velocidad, es una época de grandes cambios, de valores cambiantes. Se puede apreciar por doquier un cambio de conciencia, este cambio viene acompañado de una apertura mental, de búsqueda. Por primera vez aspectos tan distantes como la física, la psicología, la biología y la espiritualidad se unen en un todo, y este todo adquiere unas proporciones que antes no nos podíamos imaginar. Este todo se convierte en un Todo. Ahora parece que el puzle se completa, los conocimientos más o menos científicos se unen y conforman una nueva identidad.

Esta nueva identidad tiene una característica sobresaliente: la entienden todos. Ya no hay que ser más o menos inteligente, su conciencia se abre a la nueva información, llega a todos por igual, y a cada mente le viene su luz y le abre la conciencia a algo mucho mayor de lo que esta persona estaba viviendo.

Pocas personas tenían la conciencia lo suficientemente amplia para abarcar los aspectos de la ciencia, la psicología y la espiritualidad.

Esta obra se ha inspirado en este logro de toma de conciencia. He podido ver, a lo largo de más de veinte años, cómo los diferentes aspectos anteriormente mencionados iban tomando cuerpo en mi mente hasta llegar a hacerme una pregunta de la que parece ser que no he recibido respuesta: ¿cómo es posible que los descubrimientos científicos que se han producido en las últimas décadas no formen parte de una enseñanza global?

Mi curiosidad y mis ganas de aprender han hecho de mí un consumado lector, he leído centenares de novelas, libros históricos, libros sobre medicina alternativa, libros filosóficos, metafísicos, espirituales, *new age*, de toma de conciencia o autoconocimiento. Los libros que más han cautivado mi atención son todos aquellos que tienen que ver con la física cuántica, libros que me hacían vivir en otro mundo y que creía que algún día llegaría a comprender, si no en sus aspectos matemáticos, sí en sus aspectos filosóficos y de cambio de mentalidad. Entonces se empezó a esbozar una idea en mi mente, estaba empezando a nacer el Observador. Curiosamente, en mi trabajo como Ingeniero Técnico Químico, la cualidad o virtud que más sobresalía en mi profesión era mi capacidad de observación. Sabía ver más allá de lo que los demás veían y sabía encontrar la raíz del problema. Recuerdo que mis jefes me enviaban a las empresas de nuestros clientes, los cuales tenían problemas, para que estudiara (observara) qué problema tenían y cuál era la causa.

Aprendí, mejor dicho, me di cuenta de que si era un buen observador era porque detrás de esta cualidad había otra mucho mejor: la cualidad de no hacer un juicio predeterminado antes de la observación. Procuraba limpiar mi mente de cualquier subjetividad que pudiera pasar por mi cabeza. Lo que hacía, simplemente, era observar y, entonces, se producía como una explosión de luz en mi mente y veía claramente cuál era la causa o las causas del problema. A mi memoria siempre viene la misma anécdota que ejemplariza lo que quiero exponer.

> *La empresa en la cual trabajaba como director de calidad era una empresa de fabricación de circuitos impresos, complementos para automóviles. Uno de los procesos de la fabricación, concretamente el estañado o aplicación de estaño de los circuitos (para que los componentes que se debían insertar posteriormente en el circuito quedasen bien sujetos), parecía que no estañaba bien. A pesar de*

que todos los componentes de la máquina y los procedimientos de manipulación de los circuitos se hacía correctamente, el resultado era nefasto.
Después de verificar todo lo que el protocolo indica que se debe verificar y de ver que todo estaba correcto, desde la materia prima hasta el acabado, decidí observar, y en mi observación no pensaba en nada. Veía cómo las placas de los circuitos tenían que procesarse más de una vez... hasta que vi la luz... el único factor que no teníamos en cuenta era a la persona que ponía las placas en la máquina. Di la orden de que cambiaran a la persona y que fuera otra la que hiciera la operación y... ¡eureka!, las placas salían bien. ¿Qué pasaba con aquella persona a la que habíamos sustituido y que, además, era mujer? Pues algo muy simple: tenía la menstruación, y de sus manos desnudas fluían, a través de su sudor, sustancias biológicas que producían una especie de aislamiento en las placas. Solución: a partir de ese momento las personas que introduzcan las placas para ser estañadas deberán usar guantes.

La teoría de la física cuántica que explica que el Observador puede alterar lo observado hacía tiempo que había subyugado mi mente y mi forma de pensar. ¿Sería posible esto? ¿Cómo funcionaría? Las mentes sesudas de los científicos decían: «Nooo, esto de la física cuántica es para las partículas pequeñas, para las grandes estas leyes no funcionan». Estas mentes obtusas separaban la Física de Newton de la Física de Einstein, Plank y tantos otros —todavía no se ha encontrado la teoría de la unificación—; parece ser que lo que no puede ser explicado por la razón, simplemente no existe.

¡Ay, la razón! Cuántas razones se han ido al traste a lo largo de la historia. Las mentes científicas siempre dicen lo mismo: «Esto no es científico, esto es pseudociencia».

Mi mente me recordaba que la ciencia, no hacía mucho, decía que el ser humano no podía correr una milla por debajo de los cuatro minutos, hasta que un tal Roger Bannister[2] demostró lo contario, y en unas semanas lo hicieron otros atletas.

Cuántos paradigmas se han roto, cuántas ideas inamovibles se han movido, cuántas creencias se han deshecho a lo largo de la historia. ¿Se acuerdan de cómo quemaban a la gente por decir que la Tierra era redonda?

Me pueden decir: «Bueno, sí, esto es verdad, antes no había tanta tecnología para ver y medir». Es cierto, pero lo importante no es ver, ni medir de otra manera, lo importante es saber cómo piensa el que mide y observa. Una vez más, no es la máquina la que no funciona, es el pensador, aquel que pone «las placas en la máquina» es el que tiene que ver con el proceso.

No es lo mismo observar los acontecimientos como si estos no formaran parte de mí que observar los acontecimientos como si estos fueran una parte de mí mismo. Definitivamente, ¡no es lo mismo! El mundo que vemos, de alguna manera, es el mundo que queremos ver. Todos estamos formados de pequeñas partículas, y estas están sujetas a las leyes cuánticas, por lo tanto, mi capacidad de ver, de observar, estará en función de estas partículas; mejor dicho, estas partículas estarán sujetas a mi forma de observar el mundo. Todo mi ser se alterará de una manera u otra en función de mi forma de pensar a la hora de observar. Por esto la gran pregunta es: ¿cómo debo observar?

Esta obra trata precisamente de esto, de tomar conciencia de que el acto de observar es el acto más sagrado que existe, pues mi observación determinará acontecimientos futuros que afectarán a mis relaciones sociales, a mi trabajo y, sobre todo, a mi salud.

Esta obra sigue un camino que va desde lo más pequeño, exponiendo teorías de física, sobre todo de física cuántica, pasando por

---

2 Roger Bannister: la milla milagro. El 6 de mayo de 1954 caía una de las barreras más míticas del atletismo: los cuatro minutos en la milla (1609 metros), la prueba clásica del medio fondo. El protagonista de la hazaña fue un joven estudiante de medicina, Roger Bannister.

la biología y terminando por la psicología, y todo ello aderezado por una metafísica que no está escrita, pero que está permanentemente presente.

Repasaré distintas teorías de la física cuántica y haré reflexiones sobre cómo estas afectan a nuestra vida cotidiana, pretendiendo en todo momento que el lector tome conciencia de la capacidad que todos tenemos de modificar nuestras vidas.

Veremos cómo teorías extraordinarias que rompen el viejo paradigma del determinismo genético[3] no se llevan a las aulas de las universidades, y cómo estas siguen empeñadas en explicar conocimientos caducos. Grandes catedráticos desarbolan las teorías de Darwin, y lo demuestran con sus publicaciones. Estas personas deben dejar las aulas porque están fuera de lo políticamente correcto, del orden establecido, de la famosa ortodoxia.

Nos adentraremos en la filosofía de Jung y aplicaremos sus conocimientos en nuestras vidas. Trataremos de hacer comprender la importancia de la observación y cómo esta tiene muchísimo que ver con la proyección. Tomaremos conciencia de cómo la percepción está sujeta a programas del inconsciente y de cómo esta nos engaña. Al final comprenderemos que vemos el mundo que queremos ver.

Pretendemos que el lector aúne todos estos conocimientos a la hora de observar el mundo que ve y los acontecimientos que le acompañan, que tome conciencia de la importancia del acto de observar.

Recuerdo que hace años puse en mi «panel cuántico» el dibujo de un libro que en el fondo de mi ser sabía que escribiría y que se llamaría *El Observador*.

Algunos lectores ya sabrán lo que es el «panel cuántico», y para los que no lo sepan les puedo decir que cojan un panel de

---

3 Determinismo genético: «La vida procede de los genes materiales». «La información medioambiental no puede cambiar el destino genético. Esto significa que la información genética está aislada del entorno». Bruce H. Lipton, *La biología de la transformación*, págs. 169 y 170, Editorial La esfera de los libros.

corcho, por ejemplo, y cuelguen en él los sentimientos y deseos más profundos. Libres de apego, dejen que el Universo decida qué, cuándo y de qué manera debe manifestarse. Tengo que decir que muchos de estos deseos se han cumplido, y algunos con creces.

He tomado conciencia de que el acto de observar y la concentración en ese acto pueden modificar acontecimientos de una forma científicamente imposible. Digo «imposible» refiriéndome a la ciencia determinista y cartesiana, nunca a la ciencia que estudia la física cuántica.

Pretendo, en primera y última instancia, dar a las personas la oportunidad de ser dueños de sus vidas y de sus destinos. Quizás algunos piensen que esto es mirar mucho hacia arriba, pero he aprendido que para llegar lejos hay que levantar la vista y pensar a lo grande, nunca nadie ha llegado a un lugar que ni tan siquiera podía imaginar.

Piensa a lo grande y llegarás a grandes metas pero, sobre todo, piensa sin miedo a pensar de esta manera, porque si no no llegarás a ninguna parte.

El Campo del Universo es, por encima de todo, un Campo de conciencia, y este responde a los pensamientos que sembramos en él. Estos pensamientos deben estar cargados de profundos sentimientos y emociones, libres de ataduras y libres de pensamientos estrechos personificados por mentes igualmente estrechas.

La mente del que observa debe estar libre de prejuicios, libre de limitaciones, libre de pensamientos negativos, si el Observador quiere ver aquello que el Universo tiene previsto para él.

Debemos hacer una gran toma de conciencia de que todo forma parte de todo y de que cada uno debe aportar este grado de conciencia a la que llamamos «conciencia total».

Esta conciencia total es una conciencia basada en que la persona se ha convertido en adulta emocional, es saber que cada uno forma parte de un todo mucho mayor, al igual que la célula trabaja por el bien común del cuerpo.

Pretendemos que al final la persona se sienta capaz de cambiar su vida y se dé cuenta de que una de las maneras de hacerlo es dejar viejos pensamientos, viejos sentimientos, dejar a un lado emociones tan oxidativas como la culpabilidad, darse cuenta de que vivimos en un mundo lleno de juicios, en un mundo donde nos sentimos atrapados e impotentes pensando que no sabemos qué hacer o que no podemos hacer nada.

El acto de observar libre de juicios, de prejuicios, de pensamientos limitantes, puede, sencillamente, cambiar nuestras vidas.

El Observador se dará cuenta de que el ser humano puede pensar de una manera que lo distingue de otros seres, y esto, lejos de ser una cualidad, se convierte en un defecto: no experimenta lo vivido, lo razona. La necesidad de explicar y razonar todos los acontecimientos nos ha alejado de la experiencia. No digo que este sea un avance evolutivo negativo, digo que no somos conscientes de la forma en que nuestra mente nos aleja de nuestros sentimientos y nos hace creer que sentimos algo.

Este avance evolutivo nos ha permitido tomar conciencia de quiénes somos y modificar el entorno, cosa que nunca antes se había visto, pero también ha provocado el alejamiento de la Naturaleza y nos hemos convertido en el peor enemigo de esta. Nuestro egocentrismo ha ido creciendo hasta un punto en el que está poniendo en peligro todo el sistema.

La conciencia total nos devuelve al lugar del cual procedemos, a la esencia de la Naturaleza, a la esencia de nosotros mismos. Por eso el acto de observar es un acto fundamental en esta toma de conciencia.

Para sanarnos no nos queda más remedio que volver a las raíces de la biología, a la compresión de las leyes biológicas y físicas que subyacen detrás de todos nuestros aspectos. Sobre todo, volver a la esencia de la cual nacen todas las cosas, la fuerza de la que proceden nuestros pensamientos e ideas: **el corazón**.

Enric Corbera

Y para empezar... ¿qué tal la dualidad onda/partícula?

Para empezar, quisiéramos hacer honor a Max Planck, el padre de la física cuántica.

> *Como hombre que ha dedicado su vida entera a la más clara y superior ciencia, al estudio de la materia, puedo decirles, como resultado de mi investigación acerca del átomo, lo siguiente: no existe la materia como tal. Toda la materia se origina y existe solo por la virtud de una fuerza, la cual trae la partícula de un átomo a vibración y mantiene la más corta distancia del sistema solar del átomo junta. Debemos asumir que detrás de esta fuerza existe una mente consciente e inteligente. Esta mente es la matriz de toda la materia.*[4]

Todos sabemos que la energía posee una cualidad intrínseca de manifestación. Esta se puede expresar en función de onda o como partícula. ¿Qué hace que esto sea así?

Durante muchos años la ciencia se devanaba los sesos para explicar este doble comportamiento. ¿Qué o cuál era el factor que hacía que se comportara como partícula y cuál era el factor para que se comportara como onda?

---

4 Max Plank, padre de la física cuántica. Discurso en el momento de aceptar el Premio Nobel de Física en 1918.

La física cuántica nos dio la respuesta. Simplemente había un factor, y este era «el Observador». El simple hecho de observar un acontecimiento hacía que la energía se comportará como partícula, y su manifestación era cualitativa y cuantitativa. Su manifestación dejaba de ser pluripotencial para convertirse en un estado de cosas.

La energía es información y esta se guarda en ondas de interferencia, o sea, en forma de energía (a esto le llamaremos «estado pluripotencial»). Quiere decir que la onda de información guarda todas las infinitas posibilidades de manifestación, por eso la llamamos «pluripotencial».

En la teoría del desdoblamiento del tiempo, expuesta por el doctor Jean-Pierre Garnier Malet, y que recuerdo está avalada por la prestigiosa revista *American Institute of Pshysics* de Nueva York y que su comité científico la ha validado publicándola en el 2006[5] contra de *La Vanguardia* del día 9/10/2012, habla de la importancia del Observador y nos dice: «Sin observación no hay nada».

Sin observador, el espacio no existe, y sin movimiento del espacio en relación al observador, el tiempo no existe. A fin de no hacer antropomorfismos, la ciencia moderna tiene como principio diferenciar al observador del espacio observado, utilizando referencias de espacio y tiempo lo más objetivas posibles. Ahora bien, una partícula siempre puede ser considerada como observador de su tiempo, y de su horizonte.

La mecánica de lo infinitamente pequeño (mecánica cuántica) nos prueba que el Observador de un experimento es siempre un participante. ¿Por qué no sería igual en lo infinitamente grande (mecánica universal)?

La teoría del desdoblamiento del tiempo le permite unificar a Garnier las leyes de lo infinitamente pequeño y de lo infinitamen-

5 Dr. Jean-Pierre Garnier Malet, contra de *La Vanguardia* del día 9/10/2012, habla de la importancia del Observador.

te grande. Para más información, les remito a la lectura de los libros *Cambia tu futuro* y *El doble... ¿cómo funciona?*

¿Qué hace que se manifieste en una circunstancia o en otra? Hemos dicho que el Observador es la clave, pero ¿basta simplemente con observar? Tiene que haber algo, y esto debe estar en el Observador. Su pensamiento, sus sentimientos y sus emociones, así como su programa de observación, deben interferir en su observación.

Entonces, ¿qué es lo que ve?, es el Observador o el programa que este lleva (que a partir de ahora llamaré Matrix).[6]

Para mí está clarísimo que lo que percibimos no es la realidad, sino la proyección de nuestro Matrix en una pantalla que llamaré «mundo». Nuestro Matrix (programa) hace que percibamos un mundo muy distinto al de las demás personas, y este determina un estado emocional que nos retroalimenta cual vulgar *feedback* y a su vez estimula nuestra percepción, y esto lo hace en forma de bucle, y nos encontramos entonces en un callejón sin salida. Vendría a ser como la profecía autocumplida: veo lo que quiero ver, y lo quiero ver porque lo veo. No soy consciente de que mi forma de ver (percibir) determina los acontecimientos percibidos y que estos reaccionan a mi percepción cual picadura de avispa. Esto ocurre a la velocidad de la luz, información que choca con las ondas de información, y cuanta más atención le ponga al asunto más fuerza recibe y más rápidamente se manifiesta en mi mundo (dualidad).

Voy a definir el mundo. El mundo es la manifestación de una determinada información, fruto de un acto de consciencia. El

6 Me refiero a la película del mismo nombre. Hay una trilogía, donde las máquinas dominan y hacen vivir a los humanos en un programa informático llamado «Matrix». Hay algunos que despiertan y pueden estar en Matrix sin ser afectados por el programa, viven en una especie de espacio/tiempo diferente.

pensador observa sus pensamientos y estos se manifiestan en forma dual, que es el mundo de las partículas.

Por eso al mundo le llamo «la pantalla». En ella veo mis pensamientos hechos realidad, o dicho de otra forma, materializándose. He aquí la importancia de velar por nuestros pensamientos y de mantenernos muy alerta de qué es lo que pasa por nuestra mente. No nos olvidemos de que nuestra mente nunca descansa y de que siempre está creando formas en algún lugar de nuestro espacio/tiempo.

Vamos a ser más científicos:

> *La mecánica cuántica abandona la idea de que una partícula es un ente casi puntual y que puede ser observada en una región arbitrariamente pequeña del espacio y con una velocidad definida. La mecánica cuántica describe a las partículas como una especie de «campo de energía» que se propaga por el espacio de modo similar a una onda. Cuando se realiza una medida de posición de una partícula cuántica (observación) se produce el llamado «colapso de onda» hasta una región muy pequeña de espacio, lo cual hace aparecer al «campo de materia» como partícula localizada.*[7]

Toda esta definición lleva implícita una serie de reflexiones filosóficas, las cuales nos llevan a un cambio de paradigma. Desde el paradigma newtoniano al paradigma holístico.

Las funciones de onda contienen información sobre el comportamiento cuántico de las partículas que se pueden difractar e interferir unas con otras, e incluso consigo mismas, además de otros fenómenos ondulatorios predecibles descritos en el experimento de la doble rendija. Este experimento explica el comportamiento dual de las partículas cuánticas según haya o no un observador. Si

---

7 Wikipedia. Explicación de la dualidad onda-corpúsculo.

hay un observador, la película fotosensible muestra dos barras, y si no lo hay, la película muestra ondas de interferencia. Ver dibujo:

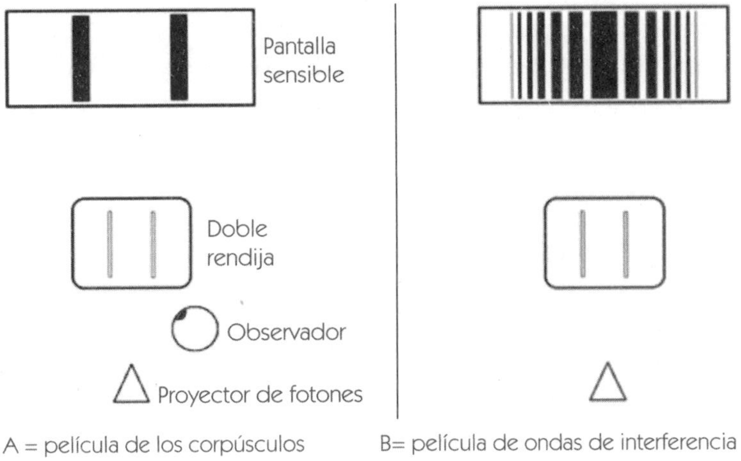

Figura 1. Experimento de la doble rendija.
Dibujo de David Corbera.

En resumen: las partículas se propagan en el espacio de manera ondulatoria y probabilística para llegar al detector (observador) como corpúsculo completo y localizado. Esta paradoja conceptual tiene explicaciones en forma de la Interpretación de Copenhague, en la formulación de integrales de caminos o en la teoría de universos múltiples. Es importante resaltar que todas estas interpretaciones son equivalentes y resultan en la misma predicción, pese a que ofrecen interpretaciones filosóficas diferentes.

De este experimento surge la Interpretación de Copenhague, la cual concluye diciendo que «la aleatoriedad es un rasgo básico en la Naturaleza y lo que parece poner fin a la aleatoriedad es el observador viviente».[8]

8 Interpretación de Copenhague sobre el experimento de la doble rendija. Greeg Braden, *La matriz divina*, Editorial Sirio, 3.ª edición, octubre de 2010, de la edición original de 2006.

Una de las leyes fundamentales de la física cuántica es que un suceso existe en todos los estados posibles hasta que el acto de observarlo o medirlo lo convierte en un único estado y medible en un lugar determinado.

A este proceso se le denomina «colapso de la función de onda». Hemos de tener en cuenta que la onda posee todas las posibilidades de manifestación. Cuando decimos que todo está en un estado pluripotencial, nos referimos a esto concretamente.

Lo que realmente molesta a muchos físicos es el debate filosófico sobre la dualidad onda/partícula, al igual que les incomoda aceptar la explicación de que nuestras vidas sean la proyección del mundo cuántico y de que nuestros pensamientos y emociones se puedan proyectar en este y así cambiar nuestra realidad. Por eso nosotros nos dedicamos a intentar demostrar o explicar de alguna manera cómo es posible que cambiando emociones nuestro cuerpo haga cambios en su fisiología y en su biología.

Desde el punto de vista de muchos físicos, la incapacidad de la nueva filosofía cuántica de satisfacer un criterio comprobable, o la imposibilidad de encontrar un fallo en la predictibilidad de las teorías actuales, la reduce a una posición nula, incluso con el riesgo de degenerar en una pseudociencia.

Recuerdo que a más de uno lo quemaron en la hoguera por decir que la Tierra giraba alrededor del Sol. La Tierra era plana y cuando se comprendió que era redonda se produjo un gran cambio en las mentes y, sobre todo, en las percepciones de las cosas. De esta forma pensamos nosotros con relación a la mecánica cuántica.

Muchos físicos contemplan la física cuántica como una ciencia que solo estudia las partículas pequeñas, neutrones, electrones, y consideran que para los cuerpos grandes solo rige la física newtoniana. Sin embargo ahora podemos decir que se han hecho descubrimientos en donde se puede constatar que las partículas atómicas se relacionan con las partículas más grandes como las moléculas. Está aquí, y de alguna manera hay una interconexión entre lo grande y lo infinitamente pequeño. Hay multitud de teorías que lo demuestran, grandes científicos, que a su vez eran y son grandes pensadores, nos llevan a intuir que todo está interconectado.

Muchos físicos llaman «física determinista» a estos esfuerzos por salirse de la física newtoniana, y en donde el Observador no influye en lo observado, «pseudociencia». ¿Por qué? Para mí la respuesta es, o sería, que no comprenden el funcionamiento, o que se encierran en las evidencias y no se plantean encontrar algún fallo en la predictibilidad. Para que algo sea científico debe ser completamente medible y no refutable. Karl Popper (1902-1994) nos dice que: «Contrastar una teoría significa intentar refutarla mediante un contraejemplo. Si no es posible refutarla, dicha teoría queda corroborada —pudiendo ser aceptada provisionalmente—, pero nunca verificada». Para Popper, ni existen puntos de partida incuestionables ni la racionalidad científica los requiere. El asunto de la verdad es, pues, cuestión del método de buscarla y del método de reconocer la falsedad. Aunque la ciencia es inductiva en primera instancia, su aspecto más importante es la parte deductiva. La ciencia se caracteriza por ser racional, y la racionalidad reside en el proceso por el cual sometemos a crítica y reemplazamos, o no, nuestras creencias. La experiencia sigue siendo el método distintivo que caracteriza a la ciencia empírica y la distingue de otros sistemas teóricos.[9]

Pero ¿es necesario comprender cómo funciona algo para saber que funciona? La respuesta es NO, un NO taxativo y rotundo. Yo no tengo por qué saber cómo funciona mi teléfono móvil para poder comunicarme con una persona cualquiera. Curiosamente, el móvil sería el detector, el detector de la llamada; llamada que posee un código (mi número de celular), cuando recibo una llamada, esta viaja en forma de onda, y cuando aprieto el botón verde se convierte en partícula y recibo una información en forma de ondas que el detector se encarga de transformar en partículas (en-

9 Karl Popper (1902-1994). Wikipedia: Falsacionismo.

tiéndase: voz) y puedo reconocer a mi interlocutor y saber hasta en qué estado emocional se encuentra.

Un director de un hospital, allá en Cuba, me dijo, refiriéndose a la BioNeuroEmoción: «Aunque no comprendamos cómo funciona realmente... si funciona en un 20% de nuestros pacientes, como mínimo, tenemos todo el deber moral de aplicarla a nuestros pacientes». «Sabias palabras, amigo mío», pensé.

En conclusión, hay muchos experimentos que indican que cuando un electrón no está siendo observado se comporta como onda, y al intentar medirlo se comporta como partícula.

Veamos un ejemplo de Michael Talbot. Imaginemos que tenemos una bola que solo es una bola cuando la miramos. Si esparcimos polvos de talco sobre la pista y la lanzamos, veremos que la bola cuántica traza una sola línea en los polvos talco. Pero si parpadeáramos mientras la bola está en tránsito descubriríamos que, durante el segundo o los dos segundos en que no la estábamos observando, la bola habría dejado de trazar una línea recta y habría dejado una amplia franja ondulante, como la que deja la serpiente al desplazarse.[10]

Para comprender todo lo expuesto, tendríamos que exponer el concepto de «Campo Punto Cero».

Albert Einstein dijo: «El Campo es la única realidad, es lo único que existe».[11]

El Campo vendría a ser como una matriz. El Campo vendría a ser el lugar donde se encuentran todos los campos. En el Universo todo estaría interconectado por este Campo. Esto se aclara ampliando el concepto del Campo Punto Cero, es al que se le atribuye la característica de que guarda todo lo ocurrido mediante códi-

10 Michael Talbot. *El Universo holográfico*, Editorial Palmyra, edición de 2007, pág. 49.

11 Bruce H. Lipton, *La biología de la transformación*, Editorial Palmyra, 2010, pág. 138.

gos de interferencia de ondas, compuesto por campos coherentes que rodean a los organismos, siendo estos un banco de memoria.

Antiguamente, al Campo se le llamaba «Éter» y se le atribuían más o menos las mismas propiedades. Hablar de Éter no es científico.

Fue James Clerk Maxwell, creador de la teoría electromagnética, el que ofreció una descripción científica del Éter que conecta todas las cosas. Lo describió como «una sustancia material de un tipo más sutil que los cuerpos físicos y que supuestamente existe en aquellas partes del espacio que parecen estar vacías».

Einstein afirmó que es necesario para que existan las leyes de la Física: «En un espacio de este tipo (sin Éter) no existiría ninguna propagación de la luz, ni tampoco posibilidad para la existencia del espacio y del tiempo».[12]

Bien, y ¿cómo afecta todo esto a nuestras vidas?

Si aceptamos como premisa que todo depende del Observador y que este interacciona constantemente con lo observado, todo ello nos lleva a cambiar nuestra forma de pensar y de interaccionar con lo que percibimos. Si lo que vivimos es fruto de nuestra percepción, dicho de otro modo, de nuestro juicio, y este se mueve por nuestro estado emocional, deberemos tener muy en cuenta este estado emocional para poder cambiar nuestras percepciones y, como consecuencia, cambiar nuestras experiencias.

Se trata de ser plenamente conscientes de lo que sucede a nuestro alrededor y dejar de pensar que lo que nos ocurre es fruto de la causalidad para empezar a pensar que lo que nos ocurre es fruto de nuestros pensamientos, que interaccionan en el campo cuántico, y que nuestra fuerza emocional es el activador o transductor de la información en ondas de posibilidades a estados físicos de la materia. El Universo cuántico es muy sensible a las emociones, pues estas poseen una fuerza descomunal capaz de mover estados mentales y fisiológicos de nuestro cuerpo físico. Lo que NO

12 Gregg Braden, *La matriz divina*, Editorial Sirio, 2008, págs. 37 y 38.

nos emociona no existe en nuestra memoria y en nuestro mundo mental.

Como desarrollaré más adelante, lo que pensamos, sentimos y emocionalmente expresamos, se manifiesta en nuestro universo particular (entiéndase cuerpo) y en nuestro universo local (entiéndase lo que nos rodea).

Cuando nos emocionamos, el Universo entero nos presta atención y nos escucha de una manera totalmente incondicional, totalmente inocente, y Él se expresa en nuestro mundo en hechos que nosotros llamamos circunstanciales o casualidades, cuando en realidad tienen pleno sentido. Nuestro dolor de cabeza tiene un sentido pleno y una explicación cuántica refrendada por nuestras emociones. Nuestro accidente de tráfico tiene un sentido pleno y es la expresión de nuestra manera de vivir nuestra realidad.

Y como dijo Jesús: «Y hasta los pelos de tu cabeza son contados».

Debemos salirnos del paradigma de la casualidad o del azar. El Universo es Inteligencia, esta inteligencia aún no somos capaces de comprenderla enteramente, y quizás nunca lo seamos. Pero está aquí, se manifiesta por doquier, da sentido a una vida sin sentido. Para mí tiene una característica muy sobresaliente: se comporta como un eco, nos devuelve nuestros pensamientos y, sobre todo, nuestros juicios en forma de circunstancias y de acontecimientos. Ya es hora de tener plena conciencia de este hecho, esto nos permitirá vivir libremente y crear libremente nuestra vida y nuestro futuro. Aquí se encuentra nuestra tan anhelada libertad.

Comprender esta ley física de la materia, comprender cómo la información está siempre presente y que basta solamente con un acto de conciencia para activarla en forma de partícula y que esta forma sea la que queremos que sea y no una manifestación inconsciente de una mente que funciona como si a un mono le hubiese picado una avispa. Esto es empezar a cambiar nuestro destino, en esto consiste.

En las próximas páginas seguiré desarrollando esta línea de pensamiento y razonamiento para poder encontrar este punto de creación de una mente más libre y de un cuerpo que lo manifieste en su estado de salud.

Por todo ello voy a terminar esta parte con la siguiente reflexión de René Descartes: «Para alcanzar la verdad es necesario, una vez en la vida, desprenderse de todas las ideas recibidas y reconstruir de nuevo y desde los cimientos todo nuestro sistema de pensamiento».

La mente holográfica

Empezaré por presentar a Dennis Gabor, ingeniero, ganador del Premio Nobel en el año 1971 por sus trabajos presentados en los años 40 por el descubrimiento de la holografía.

Dedujo que cualquier imagen óptica podía ser convertida en su equivalente matemático de patrones de interferencia, la información resultante cuando las ondas se superponen unas sobre otras.

La holografía nos permite ver fotogramas tridimensionales. Quién no ha visto en películas figuras tridimensionales de personas dando una información. A esta figura tridimensional se le llama «holograma». Por citar un ejemplo, lo encontramos en la película *La Guerra de las Galaxias*, cuando el robot proyecta la imagen de la princesa.

El concepto de holograma inspiró a grandes mentes, como a Karl Pribram,[13] estudioso de cómo se distribuye la memoria en el cerebro, y al físico cuántico David Bohm, el concepto de holograma dio luz a sus teorías de la no-localidad y de que la consciencia no está al margen del Universo. Bohm desarrolló su teoría y la expuso en un maravilloso libro llamado *La totalidad y el orden implicado*.

---

13 Karl Pribam, pionero en investigar sobre la distribución de la memoria por todo el cerebro. Intuyó que la inmensa memoria que puede almacenar un ser humano se guarda en las sinapsis de las neuronas. Se inspiró en la teoría de Dennis Gabor.

Quiero empezar por este insigne pensador y científico que es para mí David Bohm. Sus teorías me subyugan y su forma de pensar me inspira. Él, gran buscador, nunca se amedrentó frente las críticas de sus colegas, a los cuales acusaba de un excesivo determinismo y de tener un pensamiento excesivamente newtoniano, es decir, estudiar las cosas por separado. Él buscaba la comprensión de las cosas como un todo, y este todo se podía expresar de dos formas diferentes que él llamó *el orden implicado* y *el orden explicado* de las cosas.

> *La capacidad de percibir o de pensar de manera diferente es más importante que el conocimiento adquirido.*
>
> David Bohm

Su principal interés radicaba en aunar materia y conciencia y olvidarse de la fragmentación de la conciencia. Dicho de otro modo, el Observador no observa el Universo, el Observador a la vez observa y es observado. Esto lleva implícitas unas connotaciones para mí fundamentales, a saber: la conciencia, cuando observa, ya está siendo observada antes de tomar la decisión de observar. Dicho de otra manera, cuando yo tomo conciencia de que quiero hacer algo, ese algo ya está actuando para que yo lo haga. Hay multitud de experimentos que nos lo demuestran, como, por ejemplo, un programa que vi en la televisión, de *National Geographic*, sobre el funcionamiento de la mente y el cerebro, donde se exponía a un sujeto con un mando en la mano. Ese mando disponía de tres botones de colores (rojo, verde y amarillo). Su cerebro estaba siendo observado por un aparto especial (no recuerdo su nombre) que permitía ver los estímulos neuronales cuando el sujeto tomaba la decisión. La decisión de apretar un botón u otro era, en principio, aleatoria. La sorpresa fue que los científicos sabían unos segundos antes qué botón iba a pulsar el sujeto experimental.

¿El pensador piensa o es pensado? Esto me lleva a reencontrarme, otra vez, con Matrix. ¿Yo soy la expresión de un programa? Y si es así, ¿el programa se activa por sí mismo o hay algo que debo hacer para que se active? Como vemos, estamos metidos en un mar de preguntas con multitud de respuestas. Preguntas y respuestas que pueden ser todas válidas, pero ninguna definitiva. Quizás no exista una teoría que lo explique todo, quizás se deba a que nosotros formamos parte de la ecuación. Quizás debemos mirar lo pequeño para vislumbrar lo grandes que somos y cuál es nuestra posición en el Universo.

La teoría del holograma nos puede ayudar a resolver parte de estas preguntas y llevar algo de paz a nuestros corazones y de sosiego a nuestras mentes. David Bohm y Karl Pribram nos abren una ventana al Universo y nos llevan a comprender que el todo se encuentra en la parte y que la parte se encuentra en el todo. Esto nos permite llegar a la conclusión de que toda la información que hay en el Universo, de alguna forma, se encuentra almacenada en cada una de nuestras células.

Este es un punto —hilo conductor de este libro— que no debemos olvidar mientras expongo las diversas teorías físicas de la percepción de la realidad. Cada una de mis células almacena toda la información. Pribram expande sus ideas cuando estudia la memoria y la forma en la que esta se distribuye en el cerebro. Descubrió que los recuerdos se distribuyen de una manera holográfica y que, por lo tanto, la memoria se halla por todo el cerebro y en todas partes. En su búsqueda del lugar, comprendió que la memoria se almacena en forma de ondas de interferencia y que estas no estaban en ninguna célula en particular y que se debían de almacenar en los espacios existentes entre las neuronas, o sea, las sinapsis.

Las ondas pueden contener cantidades inimaginables de datos, y por lo tanto estos datos están en un estado potencial. Dicho de otra manera, están a la espera de ser activados para así poder manifestarse en forma de ideas e intuiciones. John von Neumann, físico húngaro, calculó que en el curso de una vida humana media, el cerebro almacena del orden de 280 quintillones de bits de información.[14] Todo esto me hace reflexionar una y otra vez: «si yo formo parte de un todo y este todo tiene un sentido potencial, seguro que este Todo tiene designado para cada parte de sí mismo un aspecto de desarrollo, al que puedo llamar mi función especial».

Como se ve, no se puede separar la filosofía (metafísica, más allá de la física) de la ciencia. Si yo pienso, si yo reflexiono, es que hay algo que me permite hacerlo, y si ese algo me permite hacerlo es que hay un sentido implícito en ello y tiene un fin. Me gusta pensar que este fin es la toma de plena conciencia de mi existencia como un todo y como una parte. Esto me hace sentir muy cerca de todas las cosas y de todos los sucesos.

Si reduzco este Universo a mi cuerpo, este tiene una infinidad de células, de bacterias, etc. Mi cuerpo vendría a ser como una galaxia y cada parte de este inmenso universo tiene un sentido pleno de existencia y unos programas preparados para ser activados según las necesidades internas y según las necesidades externas a este universo (cuerpo). Si este, a su vez, está conectado con ese exterior, mi cuerpo vendría a ser como una célula de un cuerpo mucho mayor, que normalmente se le llama espacio exterior y que hasta no hace mucho se consideraba como algo separado.

Antes de seguir avanzando, voy a exponer en un esquema el principio del holograma y cuál fue el experimento.

---

14 http://www.neuralterapeuticum.com/neuralterapia/articulo.aspx?id=1134. 19-10-2011

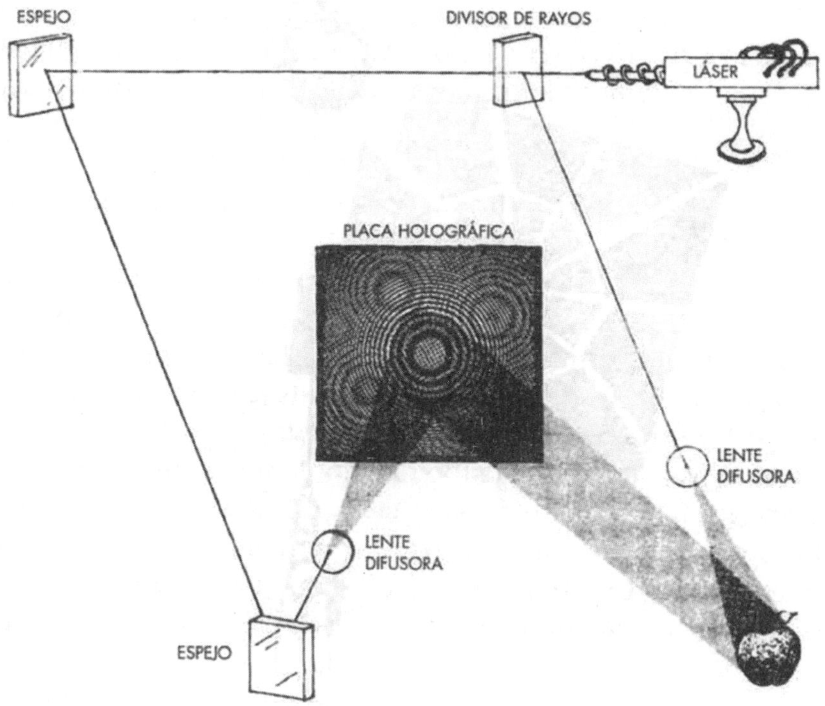

Figura 2. Experimento de la placa holográfica.
Michael Talbot, *El Universo holográfico*.

Ni que decir tiene que el holograma puede almacenar una gran cantidad de información. Una imagen grabada de esta forma se puede recuperar simplemente iluminando la película con un rayo láser con el mismo ángulo que el de los dos rayos originales. De esta forma se obtiene una imagen holográfica llamada «holograma». Este holograma se encuentra en cada parte de la película. De esta forma se demuestra que el todo está en la parte y que en la parte se contiene el todo.

Veamos la figura, obtenida del libro de Stephen Hawking, *El Universo en una cáscara de nuez.*

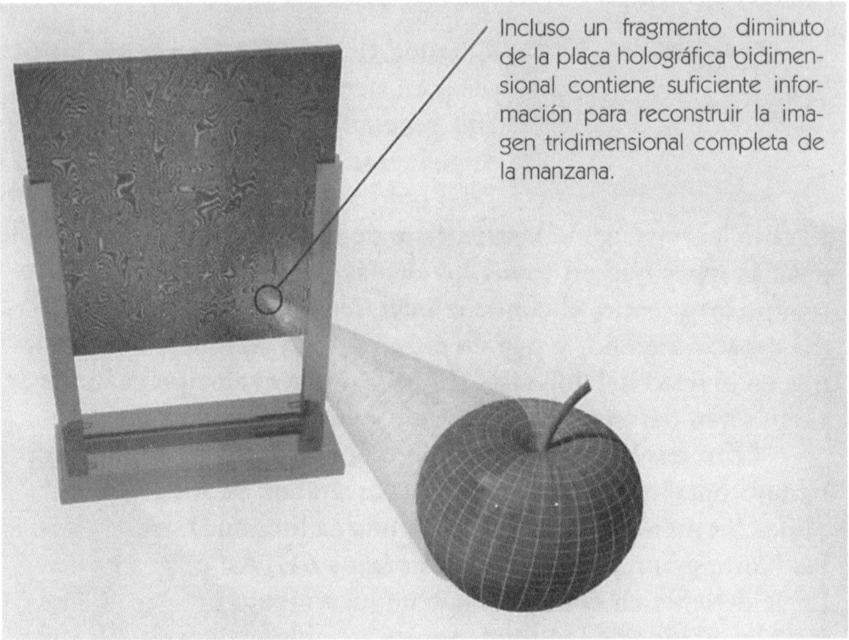

Figura 3. Cada parte de la placa contiene el todo.

Si ahora retomamos la teoría de David Bohm, vemos cómo el orden implicado y el explicado se manifiestan en el holograma. El orden implicado sería la película sensibilizada; y el orden explicado, la exposición de la figura en forma de holograma.

Según David Bohm, el Universo sería un orden explicado, vendría a ser la exposición de una holografía. El Universo en sí mismo sería una placa sensibilizada (analogía).

Bien, ¿y cómo afecta todo esto a nuestras vidas?

La ciencia oficial se ha centrado en el aspecto desplegado/explicado de las cosas, y no en su fuente u orden implicado. Este pensamiento es el motor de la comprensión de la BioNeuroEmoción. Para todos nosotros —los que nos dedicamos a la BioNeuroEmoción—, lo más importante no es la enfermedad o el síntoma en sí mismo, sino la fuente de la cual emana este. Buscamos la Matrix o el programa que se activa cuando un suceso, aparentemente externo, hace que se active en nosotros una forma de vivirlo y de expresarlo, dándonos un síntoma físico. El síntoma vendría a ser el orden desplegado/explicado de un programa implicado. Nuestro objetivo fundamental es encontrar este programa y desactivarlo, o reprogramarlo por otro. Otro que ya se encuentra en este Todo (de una forma pluripotencial) y que por lo tanto puede ser cambiado. El arte de hacerlo es lo que lleva el desarrollo de la BioNeuroEmoción en sí misma. Estamos en los comienzos, pero el final puede ser majestuoso.

Si nosotros somos un holograma, entonces somos el problema y la solución. La clave de la cuestión es saber cuándo y de qué manera nos convertimos en el problema, comprender que nuestra vida está sujeta a una multitud de factores y que estos se podrían encontrar más allá de los tiempos. Pero creo que no hace falta ir tan lejos, la solución siempre está aquí, en estado presente y en forma de orden implicado. Está a la espera de un enrome acto de conciencia que empieza por comprender y aceptar que yo formo parte de un Todo y que este Todo se encuentra en mí. Este Todo está almacenado en patrones de interferencia, en un estado al que llamamos pluripotencial. Cuando hago este acto de conciencia, el universo local (cuerpo) cambia la información vieja por la información nueva, y entonces me convierto en la solución.

Vamos hablar ahora de la conciencia, y me gusta hacerlo a través del prisma de David Bohm. Él piensa que la conciencia es una forma más sutil de materia y que la base de la relación entre las dos (materia y conciencia) no se encuentra en nuestro nivel de realidad, sino en las profundidades del orden implicado. Para él la conciencia tiene una infinidad de manifestaciones y expone que no habría que hacer una división entre materia animada y materia inanimada.

Entendiendo por conciencia pensamientos, sentimientos, emociones, deseos, voluntad, toda la vida mental o psíquica, esta se halla en forma implicada. Como sabrá el lector que haya leído algo sobre BioNeuroEmoción, lo que compone la conciencia es la base de nuestro trabajo en la transformación de nuestra realidad, lo que Bohm denomina «orden explicado».

Para mí esta es la clave del desarrollo de la BioNeuroEmoción. El saber que todo está en el Todo y que este se halla a nuestra disposición si somos capaces de cuestionar nuestra realidad y, por lo tanto, cambiar nuestra conciencia con relación a algo que vivimos de una forma particular. Un cambio de conciencia pleno lleva implícito un cambio pleno de nuestro universo local.

Una forma de cambiar la conciencia es a través de la intuición, esta está más allá de los procesos de la mente y es la conexión a otras informaciones que están a la espera de ser activadas para cambiar el mundo.

David Bohm considera que la intuición es la facultad humana capacitada para penetrar en este estado de cosas y cambiar la materia misma. Concluye que la intuición tiene capacidad para cambiar y ordenar la propia materia cerebral.[15]

El problema es que nuestra mente está bloqueada por los condicionamientos, estos presionan para mantener lo que es familiar y viejo y mantienen el miedo a todo lo que es nuevo.

Por eso digo muchas veces a mis clientes que no sirve de nada tener conciencia si esta no se aplica y se pone en acción. Muchas veces hay que romper lazos familiares, lazos que destrozan nuestras vidas. Existe un bloqueo muy común, un bloqueo llamado «Fidelidad Familiar», que hace que nuestras vidas sean simplemente un desastre. Preferimos ponernos enfermos antes de ser coherentes con nuestros pensamientos y nuestros sentimientos.

Cuando nos dejamos llevar por esta vocecita (intuición) que nos dice lo que debemos hacer o no hacer, dónde debemos ir o no ir, qué decir o qué callar, entonces, y solo entonces, entramos en otro estado de cosas y nos abrimos a otras posibilidades. Posibilidades que están abiertas a todos y cada uno de nosotros. Si nos abri-

---

15 http://www.tendencias21.net/Nuevas-herramientas-para-ampliar-la-percepcion-de-la-realidad_a1263.html

mos a ellas entramos en una coherencia interior, en una especie de paz interior que nos lleva a la sanación de cualquier síntoma.

Esto es así porque cuando estamos en ese estado de paz interior nuestra mente se acalla y podemos escuchar los auténticos latidos de nuestro corazón. De él emanan todos nuestros sentimientos y en él se encuentran los sentimientos auténticos, y son auténticos porque no están condicionados por nuestras creencias y se hallan al margen de cualquier bloqueo emocional. Si el síntoma físico permanece, es que todavía no hemos alcanzado ese estado mental que nos permite conectarnos con nosotros mismos, es decir, con la información que se halla todavía en el orden implicado.

En conclusión, el mundo que vemos es la expresión de un patrón de interferencias, es una ilusión de unos programas que de alguna forma hemos elegido experimentar y vivir. Como esto, hasta ahora, era —y en muchos casos es— totalmente inconsciente, vivimos nuestras vidas con una enorme incertidumbre. Creemos que lo que nos ocurre es fruto de la casualidad o de la mala fortuna. Todo ello alimenta el miedo, y las enfermedades que se derivan de él son enormes. Le rezamos a algo externo a nosotros, y nuestras vidas siguen igual, con pocos cambios. Esperamos a la diosa fortuna, nos volvemos agnósticos, o muy creyentes. Estamos a la espera de que algo externo a nosotros nos «salve» de «algo» que simplemente se halla en nosotros mismos. Nos volvemos supersticiosos, creemos en la mala suerte... en definitiva: vivimos nuestras vidas en una total inseguridad. Todo ello nos lleva a ansiedades, depresiones y a todo tipo de desórdenes físicos y mentales.

Frente a este panorama, la BioNeuroEmoción desarrolla el autoconocimiento, de una forma práctica, a través del estudio y la comprensión del síntoma físico. Este nos hace ser más conscientes y responsables de nuestros pensamientos, sentimientos y emociones. Todos y cada uno de ellos son los disparadores de nuestra vida y de la forma en que esta se nos presenta. Tomar conciencia de que nosotros somos la solución al problema que nosotros mismos creamos, aunque sea de una forma inconsciente, es fundamental para la sanación.

Por lo tanto, yo soy libre de elegir cómo quiero vivir una situación determinada, y esto me hace libre. Una afrenta hecha por alguien la puedo vivir de muchas formas diferentes, pero lo que sí es cierto es que si mi mente se halla en este paradigma que estoy proponiendo, yo puedo minimizar los efectos, porque comprendo que la causa de lo que estoy viviendo se encuentra en mí. Y si se encuentra en mí, la puedo cambiar. Para ello debo prestar atención, hacer un acto de conciencia y dejar que la intuición se manifieste en mi mente y me ofrezca la alternativa a la experiencia que estoy viviendo.

Seguiré tratando este tema a lo largo del libro. En las siguientes páginas desarrollaré la teoría de Jean-Pierre Garnier sobre las aperturas temporales.

El modelo holográfico del árbol genealógico en BioNeuroEmoción

En la BioNeuroEmoción, como sabrán nuestros lectores y las personas interesadas en este método, utilizamos el estudio del árbol genealógico como técnica muy específica para buscar conflictos que van más allá de nuestra edad cronológica.

Cuando el especialista en BNE realiza un estudio del árbol genealógico de su cliente, lo hace buscando programas heredados de los ancestros de este. Busca el sentido, la lógica del árbol que influye directamente en las circunstancias de la vida de nuestro cliente.

Esto estaría en relación directa con el inconsciente colectivo del psiquiatra Carl G. Jung. Como se sabrá, Jung nos habla de los arquetipos que heredamos de nuestros ancestros. Estos arquetipos son memorias del inconsciente colectivo, y algunos de ellos son muy antiguos. Jung estaba convencido de que las alucinaciones, los sueños, las fantasías, las obras de arte, etc., podían estar en relación directa con la historia personal de sus pacientes.

Gracias al modelo holográfico podemos explicar de alguna manera cómo funciona y cómo almacena la información nuestro inconsciente.

La información nunca se pierde, mejor dicho, en el Universo no se pierde nada, de alguna manera todo queda almacenado en una especie de memoria colectiva. Esta memoria puede tener un contexto familiar, un contexto local (tal sería el caso de una población), un contexto de nación, de país, y un contexto mundial. Por supuesto, no podemos descartar un contexto universal.

Si toda la información se halla en cada parte, cada uno de nosotros lleva la información del Todo. Pero es seguro que no toda la información se activa de igual manera. El inconsciente familiar tiene más fuerza que el inconsciente colectivo más amplio. Obviamente, el inconsciente familiar está influido por los inconscientes superiores, pero este actúa a modo de filtro, porque, de no ser así, todos estaríamos locos y nuestras vidas no tendrían ningún sentido.

Todo lo que estoy desarrollando no tiene nada que ver con el determinismo genético. Esto lo desarrollaré más adelante. Sí tiene que ver con que la información se hereda y quien lo hereda es nuestro inconsciente personal.

El inconsciente personal hereda todos los programas familiares de nuestros ancestros (inconsciente familiar). En el estudio del árbol genealógico decimos que nuestros problemas, enfermedades y situaciones sin sentido son herencia directa de nuestro árbol, y sobre todo decimos que lo que más nos marca en nuestra vida conflictual son los «no dichos», los silencios, los secretos, los que consideramos errores, los «pecados», etc.

Hasta en la *Biblia* está escrito: «Y los pecados de nuestros padres se heredarán hasta la tercera y cuarta generación». Cuando Jesús curaba, sus apóstoles le preguntaban: «Señor, ¿quién ha pecado, él o sus padres?». Está más que claro que el maestro Jesús conocía las leyes que rigen lo que hoy en día llamamos Transgeneracional.

Y como diría Didier Dumas: «El psicoanálisis transgeneracional ya estaba magistralmente bostezado en el texto bíblico...».[16] Si reflexionamos un instante, nos podríamos preguntar: ¿qué vida estoy viviendo? ¿La mía o la de mis ancestros? Ya hay muchos estudios que nos dicen que nuestro consciente solamente controla un 3% de nuestras vidas y que el resto (el 97%) es totalmente inconsciente. Nos podríamos preguntar dónde está nuestro libre albedrío. Es una cuestión que me he planteado en multitud de ocasiones, sobre

---

16 Patrice Van Eersel, Catherine Maillard, *Mis antepasados me duelen*, Ediciones Obelisco, 2004, pág. 74.

todo al estudiar los árboles de mis clientes, al darme cuenta, por ejemplo, de que hay árboles muy tóxicos, entendiendo por tóxicos aquellos que poseen multitud de errores. Tal es el caso de violaciones, incestos, hombres mujeriegos, mujeres abandonadas o violadas dentro del matrimonio, etc, en donde los descendientes de ese árbol en concreto —en este caso pongo el ejemplo de tres mujeres— no tienen descendencia. Las causas de no tenerla son varias, pero ninguna fisiológica, ellas están perfectamente a nivel físico, pero cada una de ellas tiene una historia que hace inviable tener descendencia. Una porque no quiere tener hijos y punto; otra porque cada vez que se enamora de un hombre, resulta que este es estéril, y otra que se queda embarazada y siempre aborta sin ninguna explicación satisfactoria de por qué pasa esto. Esto que estoy explicando son casos clínicos míos.

Cuando uno ve, una y otra vez, centenares de casos parecidos a los que estoy explicando, sencillamente siente vértigo (en sentido figurativo). Me doy cuenta de que no estamos viviendo nuestra vida, estamos viviendo un Matrix (un programa o unos programas heredados).

¿Qué sentido tiene esto? Si intentamos contestar a esta pregunta desde la dualidad, el sentido no existe, sencillamente pensamos: «¿Qué culpa tengo yo de lo que han hecho los demás?». Al final llegamos a pensar: «¿Qué culpa tengo yo de que Adán fuera tan tonto?».

Esta pregunta solamente puede ser contestada desde la unidad, desde el holismo. En él todo esta intrínsecamente ligado, todo es causa y efecto, efecto y causa. Si alguna parte de este todo interrelacionado realiza un acto enjuiciado como malo, este pasa a la sombra de la conciencia y se adentra en el mar del inconsciente. Allí queda guardado como un acto que hay que limpiar. Y si este acto no es limpiado por el primer hacedor, pasa a la siguiente generación, y así sucesivamente. Lo que persigue este funcionamiento o ley es que todo debe hacerse consciente. En el estudio del Transgeneracional decimos que estas personas reparan los «errores» de sus antepasados. Ni que decir tiene que todos, de alguna manera, reparamos errores de nuestros ancestros, pero siempre hay algunos que se libran de grandes reparaciones y otros que casi lo reparan todo. A estos últimos les llamamos «niños o personas síntoma», también «niños sombra» o «niños basura». Solamente un proyecto de estas almas puede explicar por qué esto es así. Nada más lejos de querer comprenderlo todo, pero sí que nuestra alma es la única que sabe los compromisos que ella ha tomado.

Como diría Teilhard de Chardin en *El fenómeno humano*: «No somos seres humanos que tienen una experiencia espiritual, somos seres espirituales que tienen una experiencia humana».

Si retomamos el pensamiento y las teorías de David Bohm, queda claro que la información que lleva el Transgeneracional familiar sería el orden implicado, y que la manifestación de las circunstancias de la vida de cada miembro de este sería el orden explicado.

El ser humano es en sí mismo un holograma. Una prueba irrefutable de esto es que si clonáramos cada una de las células de las que un ser determinado está compuesto, obtendríamos la repetición de ese ser. Por lo tanto se cumple la ley de que la parte contiene al todo, y por la ley de semejanza esto se puede extrapolar a otro orden de cosas.

Esta extrapolación lleva a estudiar que cada individuo que conforma el árbol transgeneracional contiene toda la información de este, y que unos individuos en particular tienen más resonancia con ciertos individuos que con otros. Esta resonancia la buscamos, por ejemplo, a través de fechas de nacimiento, fechas de defunción, fechas de concepción, nombres, características físicas sobresalientes, etc. Para mayor información se puede consultar *Tratado de Biodescodificación, Biodescodificación* de Ediciones Indigo y *Fundamentación teórica de la BioNeuroEmoción* de Sincronía Editorial.

Desde el punto de vista holográfico, donde todo está interconectado, las conciencias también lo están. Lo cierto es que Bohm cree que la tendencia casi universal a fragmentar el mundo y a prescindir de la interconexión dinámica que existe entre todas las cosas es la causa de muchos problemas, no solo en el campo de la ciencia, sino también en nuestras vidas y en nuestra sociedad. Por ejemplo, creemos que podemos extraer las partes valiosas de la Tierra sin afectar a la totalidad. Creemos que podemos tratar partes del cuerpo sin preocuparnos por la totalidad.[17] Sé que el Universo es todo información y que esta se almacena en forma de ondas de interferencia, que como hemos visto es la manera de almacenar una ingente cantidad de información en un mínimo de espacio, por así decirlo.

La manera de evitar, al menos en un tanto por ciento elevado, que esta información actúe en nosotros de una forma inconsciente, es observar de una manera consciente lo que nos sucede a nosotros mismos, en nuestro cuerpo y a nuestro alrededor.

Como dicen algunos físicos cuánticos, el acto de observar conscientemente cambia la probabilidad de ciertos acontecimientos. De esta manera somos creadores conscientes de nuestra realidad.

Si trasladamos este pensamiento al estudio del Transgeneracional, podemos hallar una solución a los programas heredados. La solución es un acto de conciencia de que lo que estoy viviendo no me pertenece y que, además, el simple hecho de aceptarlo me libera. Mi liberación es la liberación del individuo resonante del árbol, y del mismo árbol en general, y así expandiéndose hacia los distintos niveles del inconsciente.

Alejandro Jodorowsky[18] sugiere realizar actos de psicomagia, así es como los llama él, para liberarnos de estos programas parásitos que arruinan nuestras vidas y que nos predisponen a ciertas enfermedades y situaciones.

En la *Biblia* se encuentra la frase «Y los pecados de nuestros padres se heredarán hasta la tercera y cuarta generación». Esta es

---

17 Michael Talbot, *El universo holográfico*, Editorial Palmyra, 2007, pág. 65.

18 Alejandro Jodorowsky, autor de varios libros relacionados con el transgeneracional.

una aseveración muy cruel. En realidad, la experiencia del trabajo con los árboles nos dice que en las generaciones posteriores todavía se puede reinterpretar lo que las generaciones previas habían entendido mal, anulando así la capacidad de dichos pensamientos.

Este pensamiento nos lleva a la reflexión de que si nosotros hacemos un acto consciente de que lo que nos sucede forma parte de un contexto que nos envuelve (inconsciente familiar) y cambiamos nuestra percepción de lo que estamos viviendo, dejando de sentirnos víctimas para pasar a ser maestros de esa situación, cambiamos la información del holograma, mejor dicho, activamos otra información de este, que se encuentra en un orden implicado y pasa a un orden explicado cambiando todo lo que nos sucede tanto a nosotros mismo como a nuestro alrededor.

El cambio de percepción es fundamental en este proceso, la limpieza de ver las cosas y reinterpretarlas desde un punto de vista holístico nos libera del victimismo y nos hace responsables de lo que nos ocurre. Por lo tanto, si somos los responsables, podemos cambiar estos efectos si cambiamos la causa subyacente a estos, y de esta manera cambiamos nuestra realidad.

Como anillo al dedo me viene la frase de William Blake: «Cuando se limpian las puertas de la percepción, es difícil perderse la asombrosa belleza de la creación».[19]

Bien, ¿y cómo afecta todo esto a nuestras vidas?

La primera respuesta a esta pregunta es muy simple: nos permite liberarnos de programas parásitos de creencias que no son las nuestras. Nos permite dejar de preguntarnos: «¿Qué habré hecho yo para que me suceda todo esto?».

Nos permite saber que podemos heredar contratos inconscientes, como, por ejemplo, el de un niño que reemplaza al hijo muerto antes que yo. Saber que puedo ser un niño que repara un tabú familiar, saber que puedo ser un niño que repara el alcoholismo de un abuelo, siendo un abstemio empedernido. Saber que no

19 Stanislav Grof, *El juego cósmico*, Editorial Kairós, 1999, pág. 64.

tengo hijos y soy estéril porque mi madre no quería tener hijos y tuvo muchos. Saber que no me caso, ni encuentro pareja, porque llevo un programa de niño o niña bastón y que mi programa es cuidar a mis padres hasta que se mueran, etc.

En psicología se considera que una emoción o un sentimiento es una energía que necesita ser expresada y que, cuando se reprime, se imprime en nuestro inconsciente y puede acabar por jugarnos malas pasadas. Esto es fundamental en BioNeuroEmoción. A esta emoción reprimida la llamamos «emoción oculta». La expresión de esta emoción oculta libera a nuestro cliente de su carga, se hace plenamente consciente y luego empieza la verdadera terapia, que consiste en cambiar la percepción de la causa que hizo que esa emoción se ocultara. Esta transformación cambia la información de nuestro holograma, liberándonos y liberando a nuestro árbol genealógico tanto a nuestros descendientes como ascendientes.

El estudio del árbol genealógico nos permite estudiar el recorrido de la familia, observar los acontecimientos y la forma en la que estos se interrelacionan unos con otros. Este recorrido no es una búsqueda de culpables, ni de justificaciones a nuestros males, ni de nuestra mala suerte. Más bien todo lo contrario, es aceptar lo que hemos heredado tomando conciencia de que hay un fin en ello y que al hacerlo nos liberamos y permitimos que las trayectorias de nuestros descendientes mejoren.

Una de las aplicaciones prácticas del holograma, cuando analizo el árbol de mis clientes, es el siguiente: si todos y cada uno llevamos toda la información, sabiendo cómo vive mi cliente, cuáles son sus circunstancias, sus problemas, sus vicisitudes en general, puedo saber cómo era la vida del ancestro que resuena con él o ella. Puedo saber si repara tal o cual conflicto. La experiencia me ha enseñado que si mi cliente es mujer y su resonante (al que llamo «doble» en las sesiones de BNE) es hombre, normalmente ella expresa su vida de una forma totalmente complementaria. Me explico: si el resonante de una mujer es su abuelo, y este era alcohólico, ella puede repararlo, por ejemplo, estudiando viticultura, enología, etc., o siendo una abstemia empedernida. Si son ambos del mismo sexo, el descendiente repite el mismo error, es decir, en este caso también es alcohólica. El trabajo del especialista consistirá en acompañar al cliente a liberar o degradar el programa haciendo que este tome conciencia de que está reparando a un ancestro.

¿Dónde empieza la mente y dónde termina?

Hasta el momento he sugerido, y sugiero, que la información se halla por doquier y que de algún modo se halla codificada. La propiedad fundamental del holograma es la codificación y descodificación de frecuencias. La información se encuentra en un orden implicado en forma de ondas de interferencia, y se puede manifestar en un orden explicado en forma de corpúsculos/partículas.

El cerebro vendría a ser la interfaz entre ambos órdenes. La información es recibida y traducida por este. Su traducción depende de unas condiciones inherentes al cerebro, mejor dicho, a sus conexiones neuronales, que de alguna forma dan sustento a una forma de ver e interpretar el mundo.

El cerebro vendría a ser una máquina transformadora que convierte la información recibida a través de los sentidos y tamizada por las percepciones internas de cada individuo. Dicho de otro modo, cada uno de nosotros ve un mundo de dígitos formados por ceros y unos, y el cerebro los traduce en tazas, casas, árboles, etc. Igual que en la película *Matrix*.

Pribram y Bohm sugieren que el mundo de allí afuera es un océano fluyente y caleidoscópico de energía y vibración. Aunque hemos de reconocer que la idea puede mover al escepticismo, y no sin razón.

Mi reflexión es la siguiente: ¿cómo se envía la información? La respuesta es simple: mediante códigos formados por ceros y unos. ¿Cómo se recibe? La respuesta es igual de simple, mediante aparatos que traducen estos códigos de unos y ceros, como la televisión y el teléfono, por ejemplo.

Figura 4. Imagen en código binario. ¿Así es el mundo que vemos? kaba-info.wikispaces.com. Santiago Mena Zorrilla.

El neurólogo Karl Lashley[20] no estaba de acuerdo con la propuesta de Pribram y la quiso refutar a toda costa. Cogió a una rata, le enseñó el camino hacia la comida y le extirpó partes del cerebro una y otra vez. Su sorpresa fue comprobar que la rata, maltrecha, nunca se olvida de cuál era el camino para encontrar la comida. Repitió el experimento con una salamandra, y el resultado fue el mismo. Los experimentos de Lashley demostraron que cada porción del cerebro contiene la totalidad de los recuerdos presentes en el mismo.

20 Karl Lashley, neurólogo que estaba de acuerdo con las teorías de Karl Pribam. Universo holográfico. http://miradentrodetidespierta.wordpress.com/

«Otros investigadores están de acuerdo con Pribram. El doctor Larry Dossey, anterior jefe del equipo directivo del *Medical City Dallas Hospital,* admite que la teoría de Pribram contradice muchas suposiciones antiguas sobre el cerebro, pero señala que muchos especialistas en el funcionamiento del cerebro se sienten atraídos por la idea, aunque no sea más que por lo inadecuadas que resultan, evidentemente, las concepciones ortodoxas actuales».[21]

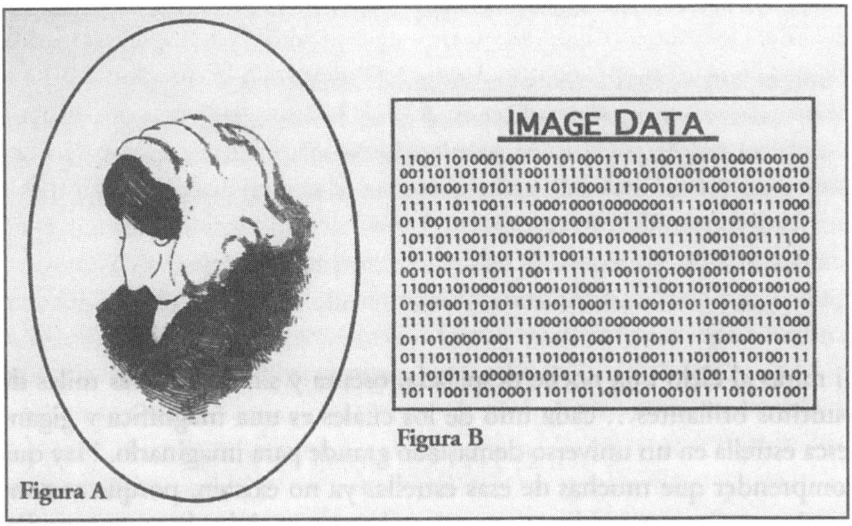

Figura 5. Ejemplo de la misma imagen, «normal» y en código binario. *La matriz divina*, de Greeg Braden.

Seguramente, hoy en día, el holograma y la teoría que lo sustenta, sea el mejor «modelo» de funcionamiento cerebral que tenemos.

Uno de los investigadores que se ha aventurado en el mundo de la mente sin recorrer los caminos más ortodoxos de la ciencia es el bioquímico británico Rupert Sheldrake.[22]

21 Michael Talbot, *El universo holográfico*, Editorial Palmyra, 2007, pág. 45.

22 Rupert Sheldrake, biólogo y escritor inglés, nacido el 28 de junio de 1942. Desarrolló el concepto de «resonancia mórfica» basándose en los campos morfogenéticos.

Lleva más de dos décadas estudiando el complejo mundo de la mente. En 1981 publicó *Una nueva ciencia de la vida*, donde explicaba una de las hipótesis más revolucionarias de la biología contemporánea: la de la resonancia mórfica, en la que expone la idea de que las mentes de todos los individuos de una especie —incluido el hombre— se encuentran unidas y formando parte de un mismo campo mental planetario. Ese campo mental —al que denominó «morfogenético»— afectaría a las mentes de los individuos, y las mentes de estos también afectarían al campo. «Cada especie animal, vegetal o mineral posee una memoria colectiva a la que contribuyen todos los miembros de la especie y a la cual conforman», afirma Sheldrake. De este modo, si un individuo de una especie animal aprende una nueva habilidad, les será más fácil aprenderla a todos los individuos de dicha especie, porque la habilidad «resuena» en cada uno, sin importar la distancia a la que se encuentre. Y cuantos más individuos la aprendan, tanto más fácil y rápido les resultará al resto.[23]

Lyall Watson[24] realizó un experimento con una colonia de monos en unas islas de Japón. Quiso cambiarles la alimentación y para ello les introdujo unas papas. Los animales, al principio, las rechazaron porque estaban llenas de barro. Al cabo de un tiempo, a una mona joven se le ocurrió lavarlas en el río antes de comerlas y les enseñó a los demás monos jóvenes a lavar las papas. Los sujetos mayores (paradigma viejo) no aprendieron a hacerlo, excepto aquellos que tenían crías jóvenes (paradigma nuevo).

Lo más sorprendente de todo esto fue que los monos de otras islas, sin contacto con los anteriores, también habían aprendido a lavar las papas.

---

23 Entrevista a Rupert Sheldrake por Sabine Leitner, en abril de 2011. www.revistaesfinge.com

24 La teoría del centésimo mono. www.lailuminacion.com. Lyall Watson escribió un libro llamado *Lifetide: The Biology of Consciousness*, donde relata el suceso que le hizo famoso.

Watson expone su experimento y nos habla de la «masa crítica». Su teoría afirma que cuando un número determinado de sujetos alcanza un determinado conocimiento, este se expande a todos los miembros de la misma especie.

Como vemos, este experimento tiene relación directa con lo que expone Rupert Sheldrake.

Bruce H. Lipton explica en su libro *La biología de la transformación* un experimento de Rupert Sheldrake sobre perros que saben que sus amos o amas están de camino a casa. Resumiendo el experimento, mientras el perro está en casa, el amo está fuera, de compras. En un momento determinado se hace una llamada al dueño del animal diciéndole que hay una urgencia en casa y que debe volver. Cuando el dueño inicia el camino a casa, su perro se levanta y se pone en la puerta a la espera de este.

Con este sencillo experimento se pone de manifiesto que todos estamos, de alguna manera, interconectados. Puedo explicar mi anécdota particular. Cuando mis hijos, como la mayoría de los hijos de muchas familias, salen de «juerga» por la noche, acostumbran a llegar a altas horas de la madrugada. Si me despierto a media noche, hago un escáner mental por toda la casa y sé perfectamente quién ha llegado y quién no. Puedo saber en qué condiciones emocionales se encuentran y si están bien o simplemente se están aburriendo. Con mi hijo, en particular, existe una conexión mucho más estrecha, puedo sentir durante unos segundos si ya está viniendo a casa. Muchas veces he creído escuchar su coche, he salido a saludarlo y no estaba. Entonces sé perfectamente que está a punto de llegar. Y esto ocurre al cabo de unos pocos minutos. También me ocurre mucho con mi mujer, ¡cuántas veces la habré oído entrar en casa y realmente no estaba! Oigo sus movimientos, sus ruidos característicos, sus pasos, entonces sé que está a punto de llegar. ¿Por qué esto es así? Mi idea es que, como expongo en las líneas anteriores, todos estamos conectados, y activamos las líneas de conexión con aquellas personas con las cuales estamos o hemos estado más unidos emocionalmente.

Pasé un mes en el que no podía dormir, me despertaba continuamente. Al despertarme me encontraba con los brazos y las manos en una posición muy rara. Mis ronquidos eran descomunales, no descansaba. Un servidor sabe que todo esto es del inconsciente, analizaba qué pasaba en mi vida y no encontraba explicación alguna. Un día, de repente, todo terminó, de la misma forma que había empezado. Días más tarde recibí una información muy importante, durante ese mes el proyecto de BioNeuroEmoción había recibido «ataques» frontales por todas partes y yo no lo sabía, pero mi inconsciente me estaba poniendo en alerta, y este siempre lo hace a través de los sueños y los síntomas físicos. Esta es la base que empleamos en nuestro estudio de la BioNeuroEmoción para comprender y traducir los mensajes de nuestro inconsciente.

El Observador debe entrenarse para vislumbrar estos mensajes, debe aprender sus códigos, debe comprender cuál es el mensaje, y entonces, y solamente entonces, iniciar el proceso de traducción mediante el acto consciente de que todo tiene una razón de ser y empezar a buscar la integración de lo que él está haciendo con lo que le está sucediendo. Aquí reside la curación emocional que nos lleva al camino de la curación física.

La BioNeuroEmoción es el arte de comprender y estudiar estos códigos que emplea la Naturaleza para hacernos tomar conciencia de que hay «algo» que no está funcionando bien. Cuando digo que «algo» no está funcionando bien, me refiero a un sentido estrictamente emocional, es decir, mis emociones intrínsecas no están en coherencia con mis emociones extrínsecas, las que muestro socialmente.

Estando en Perú, concretamente en Cuzco, un médico conocido me comentaba que en un pueblo de ese país las mujeres son muy grandotas, y cuando se ponen de parto tienen a sus bebés tal cual, sin esfuerzo, y los dolores de parto los pasan los maridos. Ahora esto se está perdiendo porque una ONG les está enseñando que eso no es lo normal. La manía del ser humano de creer que sus percepciones son verdad hace que se pierda una oportunidad de estudio de la mente humana, en este caso la transferencia de un fenómeno físico femenino. En vez de estudiar, lo que se hace es eliminar todo aquello que no encaje con las creencias dominantes. Es el gran defecto de la verdad «científica» establecida. Las cosas deben ser como deben ser, que sean de otra manera puede echar todo nuestro universo al traste. Es la eterna pregunta: «¿Por qué ustedes hacen esto?», y la eterna respuesta: «Porque siempre se ha hecho así».

Paso a redactar y a transcribir la experiencia del doctor Carlos Pazzaglia Olivares sobre su viaje y estancia en Tupe:

> *Entre los años 1991 y 1992, realicé el Servicio Médico Rural (SERUMS) en la localidad de Pacarán (Sierra Lima-Perú). El área de cobertura incluía la zona centro y sur de Yauyos, dentro de estas localidades, el distrito de Tupe. Este pueblo, ubicado a 2830 metros sobre el nivel del mar, se esconde en medio de empinadas y rocosas montañas, bajo la sombra del cerro Tupinachaca. Para llegar a él es necesario recorrer un camino serpenteante, que se inicia en Catahuasi, y después de una caminata que puede tomar de seis a diez horas (25 km) en terreno desértico hay una gran caída de agua y un riachuelo bullicioso. Al llegar, el pueblo parece deshabitado. Las personas van saliendo, al parecer, tras estudiar detenidamente al visitante. Tupe presenta un cuadro con muchos elementos difíciles de interpretar, es un pueblo lleno de costumbres ancestrales, algunas muy distintas a la de otros pueblos de la región, con una realidad social bastante dura, pero con una gente y una historia maravillosa.*
>
> *Para muchos, lo que más caracteriza a los tupinos es su lenguaje: el jaqaru (kawki). Es la única población que lo habla.*
>
> *La población no supera los ochocientos habitantes, ancianos y niños en su mayoría. Los jóvenes emigran a las*

ciudades más desarrolladas para completar sus estudios. Todas las mujeres llevan una vestimenta de tela roja con líneas y cuadros negros; sobre la cabeza, un pañuelo rojo, y como calzado, el «sucuy», todo confeccionado en las mismas comunidades. Usan una bella faja en la cintura, así como collares de pita en los que van colgados llaves y medallas.

Las casas están construidas con piedra y techo de paja, y las cocinas son de leña, sin chimeneas. La quema de leña calienta la casa, generalmente una sola habitación multifuncional.

Lo más admirable, a mi parecer, y que no solo llamó mi atención y quedó como experiencia única, es que en aquel pueblo se vivía en un matriarcado, es decir, las mujeres realizan tareas que en otros pueblos realizan los hombres (trabajo de la tierra, conducción de ganado, construcción del pueblo, toma de decisiones, etc.). Y viceversa, los hombres se encargan de cocinar, lavar la ropa y cuidar a los niños. Tanto es así, que al llegar al pueblo para poder realizar nuestras actividades (control de la salud, vacunaciones, etc.) teníamos que pedir permiso y tener la audiencia del Consejo de Ancianas, que eran las que dirigían el pueblo.

Dentro de la referida experiencia se encuentra una vivida la primera noche en el pueblo. Una mujer estaba en trabajo de parto. Nos permitieron entrar en la casa y vimos a la mujer caminando tranquilamente de un lado a otro de la habitación, pero en una esquina, tendido en la cama y gritando de dolor, estaba el varón; al principio pensábamos que se trataba de una costumbre, pero luego nos percatamos de que ese hombre realmente sufría dolor, estaba diaforético. Quisimos examinarlo, pensando torpemente en un abdomen agudo, pero la anciana que acompañaba en el parto nos dijo que nos tranquilizára-

mos, que solo era dolor de parto. En los siguientes instantes la mujer se colocó en cuclillas en una esquina y parió al hijo, lo envolvió en un manto y se lo entregó al padre, quien, más tranquilo «después de dar a luz a su hijo», se quedó descansando en la cama, con el niño en brazos, mientras que la mujer salió a alumbrar a la placenta a la zona de cultivo, para enterrar la placenta en la tierra (otra costumbre ancestral relacionada con la fertilidad de la tierra). Después, la mujer continuó con sus faenas diarias mientras que el hombre, más tranquilo, se quedó al cuidado del niño.

En la actualidad, la «educación» de los jóvenes en otras comunidades, la llegada de la energía eléctrica, el acceso a la televisión y la invasión de las costumbres externas, el comercio, el turismo, el alcohol... están originando profundos cambios y modificando rápidamente la vida de los tupinos.[25]

25 Experiencia en Tupe, por el Dr. Carlos Pazzaglia Olivares, C.M.P. 25755; RNE 13415.

Bien, ¿y cómo afecta todo esto a nuestras vidas?

Cuando una idea o una información se comparte, esta se extiende y se refuerza. Cuantas más personas despierten, es decir, cuantas más personas sean conscientes de sus propias responsabilidades, tanto a nivel físico, como psíquico, más aumentará esta masa crítica.

La idea es muy simple: no hay que hacer una revolución exterior, hay que hacer una revolución interior. El cambio tan anhelado es un cambio de conciencia, un cambio de pensamientos y sentimientos en relación a todo lo que vengo haciendo en mi vida.

Debemos aspirar a ser ese centésimo mono, tal como lo define Lyall Watson. Él nos dice que si un número elevado de personas (masa crítica) adquiere un nuevo conocimiento o forma de ver las cosas, esto se propagará por toda la humanidad. Por eso lanza el reto: «¿Será usted el centésimo mono?».

Todas estas propuestas llevan una carga de acción y de compromiso muy importante. Pero hay que tener sumo cuidado, la propuesta está basada en el respeto a las demás ideas, y no en el ataque de estas.

La propuesta nos habla de integrar un nuevo conocimiento y de llevarlo a la práctica, y no solamente de un modo conductual sino, y sobre todo, de un modo emocional. Hay que sentir el nuevo paradigma para poder vivirlo, porque si no hay sentimiento, si no hay emoción, el «campo», el que lo sustenta todo, no recibe el *in putt*.

Estas ideas expuestas hasta ahora, todas con una base científica, nos vienen a confirmar de alguna manera la explicación del Transgeneracional.

Los campos morfogenéticos reverberan a lo largo de las generaciones con una memoria inherente y el contorno correcto. También explicaría que esta resonancia morfíca, la experiencia acumulada de la humanidad, quedaría guardada en lo que Jung llamaba «arquetipos».

Mi forma de entender y ver las cosas me hace pensar que no debemos unirnos a un tipo de masa crítica con el objetivo de cambiar el mundo. El mundo cambiará por sí solo cuando la conciencia general de este no sea la que ahora mismo está imperando. Las crisis siempre van acompañadas de cambios de valores, cambios de creencias. Son oportunidades de cambio. Estos cambios deben surgir desde lo más profundo de nuestros corazones, no deben ser cambios conductuales, cambios como si fueran una moda. Es un cambio integral, donde el propio individuo no es consciente de que ha cambiado. Lo que quiero decir es que el virtuoso no es consciente de la virtud que posee, esta se manifiesta espontáneamente en su vida.

El tiempo es holográfico

Pasado, presente y futuro se hallan entrelazados. Como diría D. Bohm: «El pasado está activo en el presente como una especie de orden implicado.»[26]

«Holotrópico» significa 'orientado a la totalidad' o 'que se mueve en dirección a la totalidad'. Sugiere que en nuestro estado cotidiano de la conciencia no estamos realmente enteros; estamos fragmentados o identificados solo con una pequeña fracción de lo que realmente somos.

En el holograma se encuentra todo grabado, en él se mantiene toda la información, y hay un estado de conciencia en él y un estado de conciencia fuera de él. Esta idea me surgió al leer los dos libros de Jean-Pierre Garnier Malet, *Cambia tu futuro* y *El doble... ¿cómo funciona?*

Garnier explica en sus libros que tenemos un doble o muchos dobles que están en otro espacio-tiempo. Nosotros somos el estado corpuscular o materializado de la energía y el doble se encuentra en el estado ondulatorio de la energía, en forma de ondas de interferencia. Empleando el símil de Bohm: orden implicado y orden explicado[27].

---

26 Michael Talbot, *El universo holográfico*, Editorial Palmyra, 2007, pág. 235.

27 Jean-Pierre Garnier Malet, *Cambia tu futuro,* Corine Leblanc Editions, 2010, y *El doble... ¿cómo funciona?,* Editorial Reconocer, 2012, pág. 71.

Una característica del orden implicado es la de la no-localidad, es decir, todo está en todas partes y en todo momento. Esto no contradice a Einstein en cuanto a que nada puede viajar más rápido que la luz. No olvidemos que D. Bohm era un discípulo de Einstein, y que con su teoría del orden implicado y del orden explicado daba la explicación del físico Alain Aspect,[28] que descubrió que dos partículas gemelas registran de modo instantáneo lo que se le hace a una de ellas cuando la otra se puede hallar a años luz.

Todas estas teorías aportan luz a la comprensión de que hay una información que siempre está ahí, a nuestra disposición, y lo único que tenemos que hacer es aprender a conectarnos con ella. Nos aporta la compresión de que la supuesta lejanía entre partículas es solo una ilusión.

Todo ello nos lleva a pensar que solamente hay una mente y que esta se expresa por doquier, con la falsa ilusión de la separatividad.

Garnier nos explica en sus libros que el concepto del desdoblamiento del tiempo tiene que ver con que los diferentes estados de este —es decir, pasado, presente y futuro— están siempre aquí, pero con una característica fundamental, van a velocidades diferentes. Esto nos permite movernos entre ellos y encontrar las soluciones[29] a los problemas que tenemos en nuestro presente, yéndolas a buscar en el futuro y reparado el problema en el pasado. Para ello es necesario aprender a conectarse con ese «doble», al que llamaremos «cuántico», que tiene a su disposición las infinitas posibilidades de abordar el problema y darnos la mejor solución.

Hay una serie de condiciones para establecer este contacto. Una de las más importantes es la de pedir la solución de una manera incondicional, es decir, no pedir la solución que nosotros creemos

---

28 Alain Aspect. Universo holográfico. http://miradentrodetidespierta.wordpress.com/

29 Jean-Pierre Garnier Malet, *Cambia tu futuro,* Corine Leblanc Editions, 2010, y *El doble... ¿cómo funciona?,* Editorial Reconocer, 2012, pág. 39.

que es la mejor, sino la solución mejor para todos. Es muy importante el «no juicio», y no lo es menos el sentirnos merecedores de la respuesta y de la solución.

Cuando uno se mantiene conectado con su doble, se desarrollan cualidades como la intuición y, sobre todo, la anticipación.

La forma de conectarse con este doble, según Garnier (y que yo mismo he experimentado), es a través del sueño, mejor dicho, justo antes de dormirse. En ese momento hay que entregar el problema a nuestro «doble». Es importante, también, antes de disponerse a dormir, hacer una recapitulación del día y de los asuntos que han surgido en él[30].

Todo ello con la conciencia que una parte de ti mismo ya ha vivido esta y otras situaciones en ese futuro. Por eso, para tu doble la solución que tú pides se encuentra en su pasado. Recomiendo al lector leer estos libros de Garnier para la completa compresión de su teoría[31].

Lo importante es saber que nuestro pasado y nuestro futuro se encuentran siempre a nuestra disposición para ser cambiados.

Pitágoras ya nos decía: «Acostúmbrate a controlar tus sueños... y no dejes que el dulce sueño se apodere de tus lánguidos ojos sin antes haber repasado lo que has hecho en el día.»[32]

Bien lo refleja un dicho mucho más común y conocido por todos. Antes de tomar una decisión importante en nuestras vidas, decimos: «Déjame consultarlo con la almohada» o «Déjame dormir con ello durante unos días».

Bien, ¿y cómo afecta todo esto a nuestras vidas?

---

30 Jean-Pierre Garnier Malet, *Cambia tu futuro,* Corine Leblanc Editions, 2010, y *El doble... ¿cómo funciona?,* Editorial Reconocer, 2012, pág. 81.

31 Jean-Pierre Garnier Malet, *Cambia tu futuro,* Corine Leblanc Editions, 2010, y *El doble... ¿cómo funciona?,* Editorial Reconocer, 2012, pág. 23.

32 *Los versos de oro*, Pitágoras. Editorial Troquel, 1994. Citador por Jean-Pierre Granier Malet en *El doble... ¿cómo funciona?*, Editorial Reconocer, 2012.

Lo primero que se me viene a la mente es saber que mi vida ya no depende, como creía antes, de la casualidad, de la mala o la buena suerte.

Esto hace que el Observador sea todavía más consciente de la importancia que tiene estar alerta, saber escuchar, saber interpretar. Es consciente de la importancia de sentirse conectado a todos y a todo.

Esto nos lleva a una reflexión que podríamos considerar metafísica: «Lo que pienses de los demás repercute directamente en tu vida». El pensamiento es un acto de creación, y el Observador debe ser plenamente consciente de ello. Nuestros pensamientos toman forma en algún lugar y activan potenciales que otras personas pueden usar de una forma totalmente inconsciente.

Esto nos hace ser co-responsables de todo lo que ocurre en nuestro mundo. Nuestros pensamientos no se pierden y se deshacen, ellos se reúnen con pensamientos afines y crean formas que se llegan a manifestar en nuestro orden explicito o corpuscular.

Aquí entraríamos de pleno en el concepto de masa crítica. Cuantos más seamos los que pensemos, sintamos y vivamos de una forma determinada, más influiremos en el cambio de nuestro mundo. Pero, como siempre digo, sin ánimo de querer cambiar a nadie, porque todo cambio debe producirse en el interior de cada uno y la libertad de los demás siempre debe ser sagrada para nosotros. No olvidemos que somos seres cuánticos viviendo en un mundo corpuscular y que siempre tenemos el poder de tomar otras decisiones en nuestras vidas. Siempre podemos entrar en la lucha o en la compresión de que nosotros somos la causa de lo que nos ocurre en nuestras vidas, y las circunstancias que nos rodean son los efectos. Por eso nunca hay que corregir el efecto, sino la causa, y esta siempre se halla en nosotros.

Sobre el asunto de la fuerza del pensamiento, el mismo Buda decía: «Somos lo que pensamos, con nuestros pensamientos hacemos el mundo.»[33]

El exastronauta Edgar Mitchell, el sexto hombre en pisar la Luna, fundó el Instituto de Ciencias Noéticas, que se dedica a la investigación del poder de la mente. Sobre todo, el poder de la mente en las curaciones milagrosas y en las remisiones espontáneas. En su opinión «creamos nuestra propia realidad porque nuestra realidad emocional interior, el subconsciente, nos arrastra a situaciones de las que aprendemos».[34]

Esto es fundamental para nosotros en BioNeuroEmoción. Saber que nuestras emociones mueven realidades inconscientes y que estas se acaban manifestando en nuestras vidas en situaciones determinadas y en encuentros con un tipo de personas que vendrían a ser el reflejo cuántico de pensamientos que activan estas emociones, y estas a su vez activan los códigos que se hallan en un orden implícito u holográfico.

Por eso, en BioNeuroEmoción decimos que lo más importante es encontrar la causa de un desequilibrio antes que buscar la curación en sí misma. Encontrar la causa de mi estado físico es fundamental para poder cambiar las condiciones que la crearon. No olvidemos que estas condiciones se encuentran en nuestra mente, y sobre todo en nuestra mente inconsciente a modo de programas.

Por eso, cuando curamos a alguien, mejor dicho, cuando alguien se cura, y ese alguien no cambia ni sus pensamientos ni sus conductas, nosotros nos hacemos cargo de sus potenciales (Garnier), y esto puede ser muy peligroso para nuestra salud[35]. Decimos que «alguien se cura», y no que «nosotros curamos a alguien», porque

---

33 Thomas Byron, *The Dhammapada: The Saying of Buddha*, Nueva York, Vintage Books, 1976, pág. 13.

34 Michael Talbot, *El universo holográfico*, Editorial Palmyra, 2007, pág. 261.

35 Jean-Pierre Garnier Malet, *Cambia tu futuro,* Corine Leblanc Editions, 2010, y *El doble... ¿cómo funciona?,* Editorial Reconocer, 2012, pág. 81.

somos plenamente conscientes de que hay que cambiar emociones, sentimientos, pensamientos y actos para obtener la curación plena. De no ser así, nuestro cliente puede recaer, porque no ha hecho el cambio fundamental, cambio que se encuentra en el inconsciente, al que nosotros llamamos Inconsciente Biológico (IB).

Si todo es no local y holográfico, la información que necesitamos en un momento determinado siempre se encuentra a nuestra disposición. Para conectarse con esta información hay que hacer un acto de conciencia, sabiendo que la conciencia también es una información que se encuentra en el holograma y que, por lo tanto, cuando hacemos este acto, este todo se pone en estado de alerta porque siente que una nueva información va a entrar o va a cambiarse. Estos actos de conciencia pueden ser pequeños pasos, pero pueden producir grandes cambios.

En mi experiencia clínica he podido comprobar todo esto por doquier y en multitud de personas. Escucho a menudo frases como: «Tus palabras han cambiado mi vida», que es una forma de decir: «Tus palabras me han inspirado para cambiar mis percepciones y estas han cambiado mi vida». Los cambios son fundamentales, y estos son siempre responsabilidad del que los hace. No importa lo que pensemos, lo que importa es qué hacemos con lo que pensamos.

Algunos médicos creían que las personas tenían malos pensamientos porque estaban deprimidas, hasta que se dieron cuenta de que estaban deprimidas porque tenían malos pensamientos.

Por lo tanto, la BioNeuroEmoción, una vez que encuentra la causa del desequilibrio, trata de cambiar la percepción, que a su vez cambia los pensamientos, los sentimientos y las emociones de la causa primera del problema que tenía nuestro cliente. Automáticamente, cualquier tratamiento que reciba nuestro cliente tendrá un efecto mucho más favorable que si solamente se tratara el síntoma.

En BioNeuroEmoción, para aplicar lo que he expuesto anteriormente, llevamos a nuestro cliente a estados emocionales que se vivieron en un pasado, y como este siempre se halla a nuestra disposición y en un estado potencial, al modificarlo se produce el cambio deseado en lo que nosotros llamamos presente. Por eso, en nuestra práctica diaria, hemos visto desaparecer enfermedades en cuestión de minutos.

No podría ser así si no existiera la posibilidad de cambiarlo aquí y ahora. La información no se pierde, siempre está a nuestra disposición, sabemos que está creando estados corpusculares, lo que nosotros llamamos realidad. Nuestra enfermedad no es sino la manifestación corpuscular de un estado emocional incoherente que se halla incrustado en nuestro inconsciente, porque ese es el lugar al que van a parar todas nuestras experiencias. No nos olvidemos de que nuestro estado consciente solamente procesa un 3% de la información recibida.

Como ya vengo diciendo, nuestra vida es la expresión corpuscular de nuestra «Matrix» (programas inconscientes propios y heredados que controlan nuestras vidas y que creíamos que eran fruto de la casualidad o del azar).

Al hacernos conscientes de todo, y sobre todo de cómo se halla guardada la información, podemos hacer actos conscientes de cambio, y esto nos lleva a vivir otra vida. La BioNeuroEmoción es una metodología que emplea varias técnicas, todas ellas encaminadas a tomar conciencia de que nuestra vida se puede vivir de otra manera y de que somos dueños de nuestra realidad. Nos enseña a dejar de ser víctimas para aprender a ser maestros.

La luz es información

Varios científicos han demostrado la importancia que tiene la luz como soporte de la información y cómo esta se guarda en forma de patrones de interferencia. Sobre este tema voy a tratar en el presente capítulo.

Esta exposición me permite fundamentar que toda la información queda guardada en nuestro cuerpo y que, además, hay una serie de soportes físicos, llamados microtúbulos, que permiten la circulación de esta información a la velocidad de la luz

En la página web www.elpais.com, en un artículo escrito por Susana Morales (23/11/1982), se explica que el físico alemán Albert Popp[36] constata la existencia de la radiación luminosa celular, tanto en células animales como en células vegetales.

A las partículas que son portadoras de dicha radiación se las bautizó como «biofotones» y se constató una excelente capacidad de las células sanas para emitirlas, detectarlas y acumularlas.

Popp nos habla de coherencia, palabra y concepto que empleo mucho en mis terapias. Siempre les digo a mis clientes que una forma de sanarse es entrar en coherencia emocional, es decir, que todo lo que pienso, siento y hago esté en línea recta (coherencia). Pues, como decía, Popp explica su idea de coherencia expresán-

---

36 Albert Popp se doctoró como Biofísico Teórico en la Universidad de Marburgo. Descubrió que las células de nuestro cuerpo emiten luz, y esta depende del estado de coherencia de la persona.

dolo de la siguiente manera: «Dado que el deterioro de un sistema biológico, la enfermedad y la muerte implican la disminución de la coherencia y, por consiguiente, el aumento de la pérdida de información, la observación de la radiación de las células vivas constituiría un instrumento inapreciable para realizar diagnósticos prematuros».[37]

Popp constata lo que él llama foto-reparación y a la longitud de onda que esta radiación se debe emitir para alcanzar el máximo rendimiento tiene que ser ultra débil, en forma de luz ultravioleta (UV).

Popp nos dice: «Si puedes bombardear una célula con luz ultravioleta de manera que el 99% de la célula, incluyendo su ADN, sea destruida, se podrá reparar el daño casi completamente en un solo día, simplemente iluminando la célula con luz de la misma longitud de onda, pero de intensidad muy débil».[38]

Esta característica lleva a Popp a pensar que dentro el organismo debe de existir alguna luz responsable de la foto-reparación.

Popp llegó a la comprensión de que nosotros extraemos luz de los alimentos que ingerimos, y es la fuerza que impulsa a todas nuestras células. Esta emisión de fotones permitiría la comunicación con todo nuestro cuerpo. Llegó también a la conclusión de que el ADN es una de las fuentes esenciales de emisión de biofotones.

Una de las consideraciones más importantes de los estudios de Popp es que las personas sanas presentaban una coherencia cuántica, y que las personas enfermas, de cáncer, por ejemplo, carecían de esta coherencia.

Una vez más, la ciencia, gracias a ciertos investigadores valientes y con mentes abiertas, nos enseña y nos demuestra que nosotros tenemos algo que ver con nuestro estado de salud y con

---

37 Albert Popp. www.elpais.com.

38 www.neuralterapeuticum.org. Dr. Fernando Rivera Rojas. Medicina de las regulaciones biocibernéticas.

nuestro estado de enfermedad. Nos invita a ser responsables de nuestro estado de salud.

Este estado físico que nuestro cuerpo manifiesta está en relación directa con la resonancia mórfica de Sheldrake. Nuestro cuerpo reacciona a nuestros pensamientos y a nuestros sentimientos/emociones y estos alteran la información que resuena en nuestra fisiología.

Este campo de radiación es el que dirige el crecimiento celular y, además, guarda la información de otras generaciones, y entre esas informaciones está la forma y el contorno correctos que deben tener los cuerpos físicos. Eso explicaría por qué a un animal como la estrella de mar o la lagartija le crece la parte amputada. Se constató en unos experimentos que hay un campo eléctrico en el lugar donde la cola debe regenerarse.

A continuación transcribo una parte de una entrevista realizada a Rupert Sheldrake.[39] En ella, Sheldrake da una explicación amplia de su teoría.

Él mismo presenta su trabajo y sus investigaciones.

> *Empecé a trabajar como biólogo en Biología del Desarrollo en la Universidad de Cambridge. Rápidamente me di cuenta de que no era posible explicar la biología solo en términos de molécula y genes, como se hacía antes. Parecía necesaria una visión más holística. Y en torno a 1920 ya existía la idea de los campos que forman la biología, llamados campos bioenergéticos. Yo estoy muy interesado en esta teoría. Nadie sabe lo que son estos campos, pero la mayoría de los biólogos dicen que un día serán aceptados como componentes comunes de la física y la química. Yo llegué a la conclusión de que se trataba de un nuevo tipo de campo, y dado que son campos biológicos*

39 Entrevista de Sabine Leitner realizada en abril de 2011 y publicada en www.revistaesfinge.com.

y que los organismos evolucionan, esos mismos campos debían contener en su interior una memoria, y este es el concepto de «resonancia mórfica».

Y sigue ampliando el tema:

> *La resonancia mórfica es la idea de que las cosas idénticas afectan a otras cosas idénticas a través del espacio y del tiempo. Todos los sistemas que se organizan tienen una especie de memoria inherente. Por sistemas autoorganizados me refiero a átomos, moléculas, cristales, células, tejidos, órganos, organismos, animales, ecosistemas y sociedades. No incluyo la maquinaria o fragmentos de roca, ni sillas, porque son agregados de materia que no se organizan por sí mismos.*
>
> *La idea es que cada especie tiene algo así como una «memoria colectiva» dada por la resonancia mórfica, donde cada individuo contribuye y está conectado a la misma fuente. Los grupos sociales también tienen campos mórficos: una bandada de pájaros, un banco de peces o una colonia de termitas están organizados por campos mórficos.*

Estas ideas han aparecido en sus libros: *Una nueva ciencia de la vida* y *La memoria del Universo*.

De alguna forma Sheldrack nos da una explicación científica de la forma en la que guarda la memoria nuestro árbol genealógico y también daría una explicación científica del inconsciente colectivo al que nos contaba Jung.

Las personas, las sociedades y los pueblos se ven guiadas, por así decirlo, por esta memoria colectiva que va más allá del espacio-tiempo en el cual estos están viviendo. Y así los grupos sociales de personas también tienen su memoria colectiva de comportamientos adquiridos por sus ancestros y el grupo social se ve impelido a una fidelidad de grupo familiar que va más allá de todo razonamiento.

Siguiendo con los experimentos de Popp, este constató, en estudios de emisión de luz (fotones), que en organismos de la misma especie, como en el caso de la pulga de agua llamada Daphnia, una pulga enferma absorbía la luz que emitían las otras pulgas y recuperaba el estado de salud.

En otro experimento con huevos de gallina se constató que los huevos de gallinas criadas al aire libre emitían fotones mucho más coherentes que los huevos de las gallinas criadas en sitios cerrados.

Aquí entraríamos en la explicación de una frase que muchos utilizamos cuando nos encontramos con problemas. En esas situaciones le pedimos a alguien de confianza o que creemos que sabe algo más que nosotros que nos «ilumine». Es decir, que nos dé información capaz de cambiar la nuestra por otra mejor. Decimos cosas como: «Ilumíname, por favor». Esta información nos lleva a una coherencia y, por lo tanto, a un estado de salud.

Ahora bien, ¿cómo se almacena esta información?

Ya hemos comentado que la materia y la energía tienen características de partícula y de onda simultáneamente, lo que mantiene a los electrones en sus lugares y en sus órbitas específicas. Diríamos que el Universo se mantiene en un equilibrio dinámico, lo que evita el colapso de este y hace que se mantenga estable.

Las ondas a nivel subatómico se trasladan a través de su medio, que sería el Campo. Su forma es la ya conocida en forma de S, donde la amplitud de onda es la mitad de la altura de la curva entre el pico y el valle, y la longitud de onda, o ciclo, es una oscilación completa. La frecuencia es el número de ciclos por segundo.

Cuando los físicos utilizan el término «fase», se refieren al punto en que está la onda en su viaje oscilante. Se dice que dos ondas están en fase cuando llegan al pico y al valle al mismo tiempo, aunque tengan distintas frecuencias o amplitudes.

Una de las características más importantes de las ondas, como ya hemos expuesto, es que son codificadoras y portadoras de información. La interferencia ocurriría cuando dos ondas están en fase y se superponen. Su amplitud de onda es mayor que la amplitud individual. La señal se hace más fuerte. Los patrones de interferencia equivalen a una constante acumulación de información, y las ondas tienen una capacidad de almacenamiento de información prácticamente infinita.

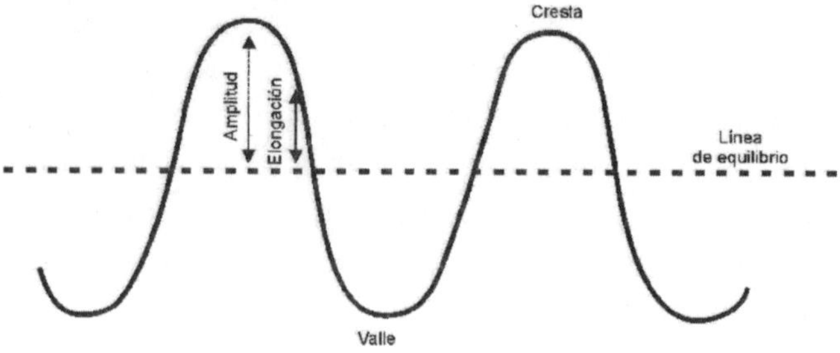

Características de una onda.

Veamos las dos posibilidades de interferencia:

- La interferencia constructiva: el pico y el valle coinciden, entonces suman.
- La interferencia destructiva: el pico y el valle son complementarios y ambas se cancelan.

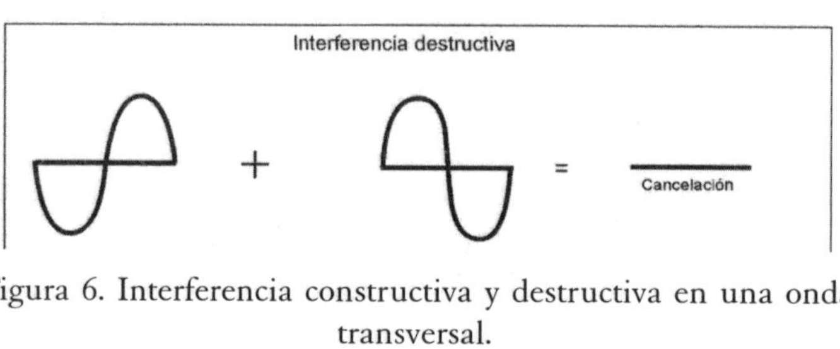

Figura 6. Interferencia constructiva y destructiva en una onda transversal.

El anterior fenómeno es interesante porque en la historia de nuestras vidas hemos aprendido que dos cuerpos diferentes no pueden compartir el mismo espacio en el mismo tiempo; sin embargo, las vibraciones sí pueden existir más de una en el mismo espacio y al mismo tiempo.

Podemos corroborarlo si dejamos caer dos piedras en el agua, veremos que las ondas que se generan en ambos puntos llegan a superponerse, formando lo que se conoce como un «patrón de interferencia». Las opciones seguirán siendo dos: si se unen formarán una onda (ola) más grande, y si se oponen se anularan. Observa la figura:

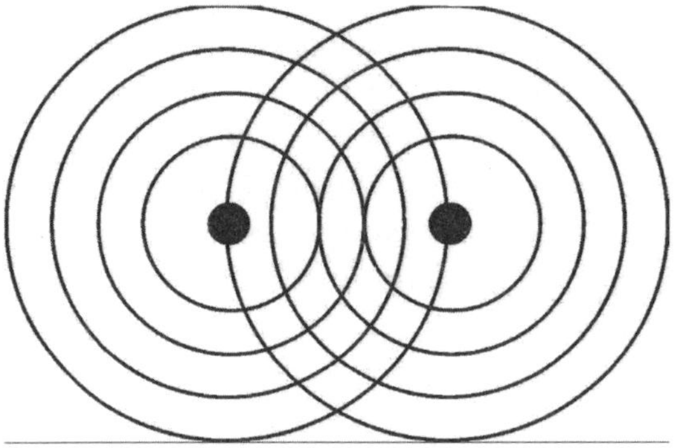

Figura 7. Interferencia de ondas de agua.

Bien, ¿y cómo afecta todo esto a nuestras vidas?

Cuando hago sesiones de BNE, una de las cosas que pretendo es que mi cliente entre en coherencia emocional. Sé que si encuentra otro estado de información que haga que su **resonancia interna** cambie, tendrá grandes posibilidades de sanación.

Si, como dice Sheldrake, todas las especies tienen una memoria colectiva y esta resuena en esta especie, no es descabellado pensar que si cambiamos, mediante un acto consciente, parte de esta memoria, lo normal es que afecte al todo y a la parte.

Cuanto más sintamos que nuestra curación está en nuestra propia responsabilidad de cambiar creencias y emociones, más cambiará esta memoria colectiva y más personas se beneficiarán de este cambio. Esto tiene que ver con el concepto de «masa crítica».

Comentando todo esto con mi cuñada Montse, me hizo la siguiente reflexión: «Ya sabes cómo funcionan los supermercados, cuando vas a pagar los productos adquiridos, estos llevan una información en forma de código de barras, un rayo láser la lee y el disco duro sabe que aquel producto es, por ejemplo, tal o cual jabón».

Por lo tanto, si queremos comprar otra cosa hay que cambiar el código de barras. Dicho de otra manera, hay que cambiar la información.

Nosotros podemos hacer esto, marcar la información de un producto, porque esta información o manera de hacer las cosas ya está en nosotros mismos. El Universo emplea los mismos patrones para todas las cosas. Nosotros somos como un código de barras, activamos este código y al hacerlo vivimos unas determinadas experiencias. Si estas experiencias no nos gustan, entonces ya sabemos lo que tenemos que hacer: ¡¡cambiar el código!! Esto es lo que distingue a la especie humana, el hecho de poder ser conscientes de los procesos emocionales y de la forma en que estos nos afectan. Esta es la gran diferencia con las demás especies que habitan nuestro planeta.

Por lo tanto, la BioNeuroEmoción es una forma de acceder a estos códigos activados, que son activados, como ya estamos diciendo, por estados emocionales y filtrados por programas que heredamos de nuestros ancestros. Vivimos lo que vivimos porque estamos programados para vivirlo. Esta es la cuestión fundamental. Este acto de conciencia es el trabajo del Observador, observar qué estados emocionales activan ciertos estados físicos y empezar a cambiarlos, no como un acto conductual, sino como un acto de plena conciencia que lleva implícito un acto de comprensión de cómo son las cosas.

En mis terapias, cuando consigo que el paciente cambie la percepción de las cosas y resuene con otras emociones que le permiten estar en un estado de mayor coherencia emocional, entonces es cuando realmente empieza la curación. Quiero destacar las últimas palabras: **empieza la curación**.

Luego viene la parte más importante del proceso de curación: llevar la nueva información a la práctica diaria, convertirla en un acto explícito para que la coherencia llegue al último plano que, como todos sabemos, es el físico.

Entonces todos los acontecimientos, sucesos y eventos de nuestras vidas nos influyen de otra manera, porque nosotros hemos cambiado y, lo que es más importante, nuestro alrededor también cambia, no porque quiera cambiar, sino simplemente porque nosotros hemos cambiado.

Los microtúbulos

Cuando leí las teorías de Roger Penrose[40] me dije a mí mismo: «Aquí tienes una magnífica explicación científica de cómo circula la información por el cuerpo». Nada que ver con neurotransmisores u otras sustancias químicas, que van muy lentas si las comparamos a la velocidad de los fotones. Comprendí por qué experimentamos sensaciones físicas, al instante, cuando nos emocionamos por cualquier motivo.

En el libro *La nueva mente del emperador*, de Roger Penrose, y bajo la sugerencia de Stuart Hameroff, se considera que los microtúbulos son mecanismos cuánticos del cerebro.

La idea de Penrose es que los microtúbulos podían ser el lugar ideal para el colapso de la función de onda, el lugar donde las posibilidades se convierten en expresión de nuevos pensamientos e ideas que estaban potencialmente allí, en ondas de interferencia.

40 Roger Penrose. www.neuralterapeuticum.org. Dr. Fernando Rivera Rojas. Medicina de las regulaciones biocibernéticas.

El modelo Penrose-Hameroff supone que la información física del medio queda registrada cuánticamente en las tubulinas.

¿Qué son los microtúbulos? Los microtúbulos son estructuras tubulares de las células, de 25 nm de diámetro exterior y unos 12 nm de diámetro interior, con longitudes que varían entre unos pocos nanómetros a micrómetros, que se originan en los centros organizadores de microtúbulos y que se extienden a lo largo de todo el citoplasma.[41]

Vendría a conformar el citoesqueleto de todo el tejido conjuntivo, decir tiene que el tejido conjuntivo o conectivo está repartido por todo el cuerpo y lo conecta entre sí mismo. Por lo tanto, la idea de Penrose encaja perfectamente como posible explicación de la forma en que circula la información por el cuerpo.

Los microtúbulos se asocian en estructuras más complejas llamadas centriolos. Los centriolos desempeñan una función fundamental en los procesos de división celular, como el movimiento propio de la célula.

Los microtúbulos vendrían a ser como una micro-red o una especie de «internet» corporal en la que cada neurona puede conectarse e interconectarse al mismo tiempo con todas las demás simultáneamente. Esta idea, desarrollada por Karl Pibram, Yasue, Hameroff y Scott Hagan, del Departamento de Física de la Universidad McGill, se amplía hacia la compresión de que la conciencia humana está estrechamente relacionada con esta idea de los microtúbulos.[42]

41 Wikipedia.

42 http://www.neuralterapeuticum.com/neuralterapia/articulo.aspx?id=1134. 19-10-2011

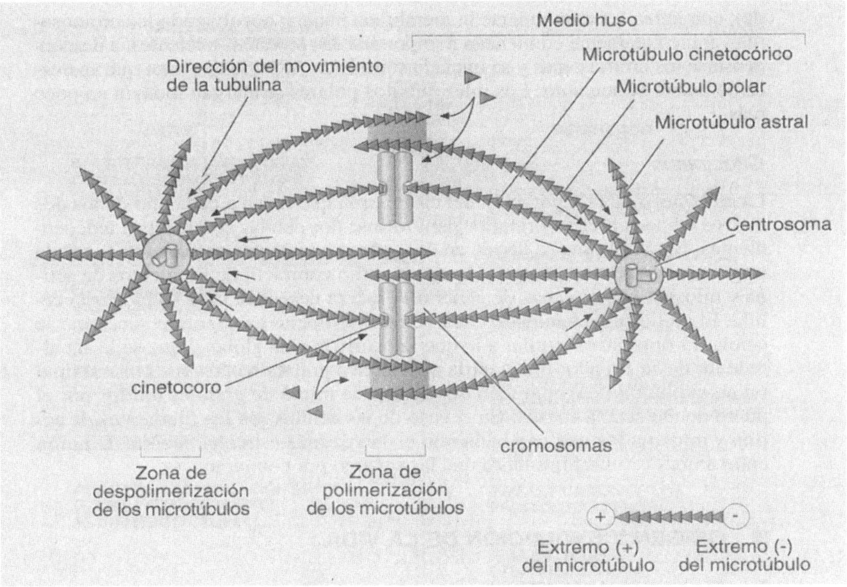

Figura 8. Microtúbulos.

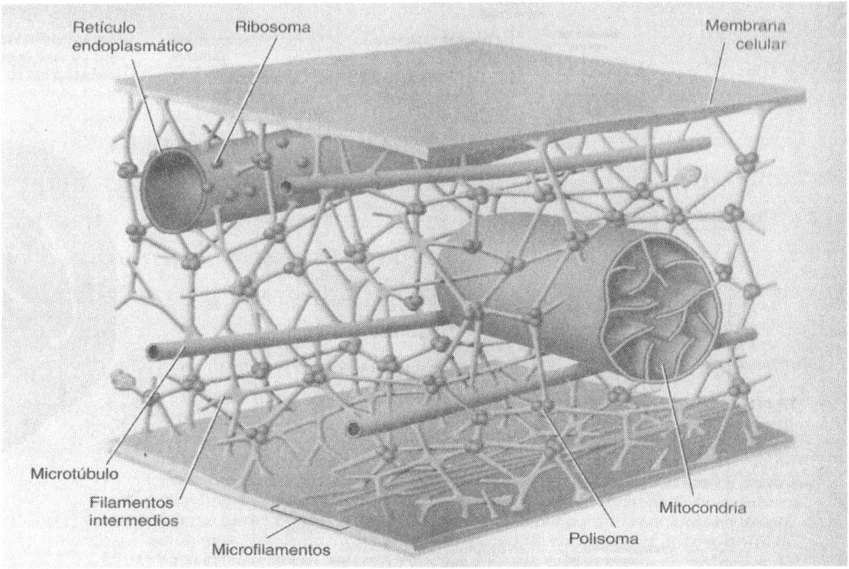

Figura 9. Citoesqueleto. Dibujos del libro *Fundamentos biológicos de la conducta*, Ed. Sanz y Torres, 1998.

Todo ello encaja perfectamente con la idea que tenemos de la BioNeuroEmoción y de su aplicación en la interpretación de los síntomas como expresión de un estado de conciencia. Si la sintomatología es una enfermedad, entonces sabemos que la conciencia de la persona no está en coherencia con el inconsciente biológico y que este expresa esta incoherencia a través del síntoma físico.

Comprendemos entonces por qué el inconsciente biológico tiene la precisión de un láser en la expresión en el cuerpo. Porque todo el cuerpo vibra al unísono cuando hay algo que altera emocionalmente a la mente. Esta alteración emocional informa y se expresa en el cuerpo para que el Superego tome conciencia de que algo se está haciendo mal. Esta precisión nos hace entender que si me duele un determinado dedo de la mano, por ejemplo, ese dedo no me duele por casualidad, sino que me está informando de algo mucho más sutil. Aunque parezca que hay algo externo que me provoca tal o cual dolor, hasta la misma circunstancia tiene que ver para que me ocurra lo que me ocurre. No nos olvidemos del concepto cuántico del asunto, la información está siempre ahí, presta a ser manifestada mediante un acto más o menos consciente, más o menos inconsciente.

Cuando hablamos de coherencia, nos referimos al concepto de coherencia cuántica, que significa que las partículas cuánticas son capaces de cooperar. Cuando no hay coherencia cuántica, entonces la información, de alguna manera, es descoordinada y sin dirección, y esto se manifiesta en nuestra vida en esa falta de coherencia de la que tanto hablamos.

Si toda la información se almacena en forma de interferencia de ondas y estas pueden manifestarse de dos formas posibles, a saber, una constructiva y otra destructiva, la pregunta «¿quién es el decisor?» depende, obviamente, del Observador y de su estado emocional. Si este está en coherencia, entonces la información se suma y entra en un estado de salud emocional (coherencia) que le permite tener un buen estado de salud. Si no está en coherencia, la información se resta y entra en un estado de salud enfermiza.

La coherencia emocional permite una comunicación perfecta entre el consciente y el inconsciente, y son los fotones los que activan los procesos corporales (como un director de orquesta, sin olvidar nunca que este director obedece las órdenes del Observador).

Como ejemplo de lo que estamos exponiendo, veamos lo que hizo Popp.

Este se preguntó qué tipo de luz emitían las personas enfermas. Tomó una serie de pacientes enfermos de cáncer y los examinó con su máquina. En todos los casos, las emisiones de los pacientes de cáncer habían perdido los ritmos periódicos naturales y también su coherencia. Estos enfermos habían perdido la conexión con el mundo. De hecho, su luz se estaba apagando.

Con la esclerosis múltiple ocurría justo lo contrario: era un estado de excesivo orden. Los individuos que padecían esta enfermedad estaban tomando demasiada luz, y esto impedía que las células pudieran hacer su trabajo. Un exceso de armonía cooperativa impedía la flexibilidad y la individualidad. Los pacientes de esclerosis múltiple se ahogan en su luz.

Según Popp: «El cuerpo más sano será el que tenga la luz más baja y esté más cerca del estado cero, el estado más deseable: lo máximo que los seres humanos podemos acercarnos a la nada».[43]

¿Cómo interpretamos nosotros, en BioNeuroEmoción, este ejemplo?

Para nosotros este experimento demuestra que vamos por el buen camino. Para la BioNeuroEmoción, los pacientes de cáncer son personas que han perdido su «identidad», personas que no viven su vida y mantienen una lucha constante entre lo que quieren hacer y lo que creen que tienen que hacer. Y esto los destruye. Obviamente, el cáncer siempre depende de una gran intensidad emocional.

---

43 Lynne McTaggart, *El Campo*, Editorial Sirio, 2006, pág. 88.

La esclerosis múltiple, según la BioNeuroEmoción, está relacionada con una gran «fidelidad familiar», dicho de otro modo y de una forma sencilla, las personas que padecen esta enfermedad «no viven su vida», anulan su individualidad, la capacidad de tomar decisiones por sí mismas, se hallan en la interminable dicotomía entre hacer o no hacer y llevan un programa de «no hacer» para ellas mismas. El Inconsciente Biológico actúa, y lo hace anulando todo movimiento, porque «si me muevo, me muero». «No puedo moverme bajo mi propia iniciativa, siempre me debo a la familia.» Al perder la individualidad, se acumula demasiada información y esto les colapsa.

Todo esto me hace pensar en los Incas, para ellos la ausencia de luz es lo divino, es más, el color de la iluminación era el negro, y cuando estos observaban el cielo nocturno no veían las estrellas sino la oscuridad que estas permitían ver. Ellos vieron en la oscuridad una serie de animales llamados «sagrados».

Este experimento me hace pensar también en Jung cuando habla de integración, de ver la oscuridad (la sombra) detrás de la personalidad, la que mostramos a la luz (ojos) de los demás.

Debemos aprender a ver detrás de las apariencias, a ver detrás de lo que vemos y de lo que los demás nos exponen. La verdad se encuentra más allá de la percepción, se halla precisamente detrás de esta.

Creo sinceramente que mitificamos en exceso la luz, sin darnos cuenta de que esta nos permite ver las sombras. La física nos demuestra esto en la llamada «materia oscura», dicha materia es la que lo interpenetra todo, la que sustenta el universo que se ve, es la materia que da sentido al Universo, la que almacena la información, la energía; en definitiva, lo que denominamos el Campo. Es aquí donde debemos buscar las respuestas. El Observador debe aprender a ver más allá de lo obvio. La tan manida frase «ver para creer» debe desaparecer para dar lugar a otra: «dejar de creer para poder ver».

Aquí reside la sabiduría del Observador. Él sabe que las creencias distorsionan las percepciones, y si quiere ver lo que subyace detrás del mundo material, hay que dejar de creer en ciertos paradigmas para ver otros con mayor amplitud de contenido e información.

Veamos lo que dice la ciencia sobre la materia oscura:

> *Hallan la primera prueba «física» de la materia oscura. Una neblina alrededor del centro de la Vía Láctea puede ser la primera evidencia directa de este fenómeno.*[44]

Un trabajo realizado gracias al Instituto Niesl Bohr[45] concluye que la materia oscura supone el 23% más que la masa del Universo visible (4%). El resto se debe a la más enigmática «energía oscura», la que se considera responsable de la expansión del Universo.

Este 96% por ciento de energía o materia es la que mantiene unido el Universo. Hoy en día, los científicos saben que lo importante es estudiar lo que no se ve. La energía que lo sustenta todo y que mantiene unidas a las galaxias. La energía oscura no emite luz y no interacciona con la luz. Lo que hace la materia oscura y la energía oscura es mantener la luz en su lugar, es decir, mantenerla unida evitando su disgregación.

Una definición de «materia oscura» podría ser: la que interpenetra todo, la que sustenta todo, la que está en todas partes y la que mantiene al Universo unido y con un sentido de existencia. ¿A qué suena esta posible definición de la materia y la energía oscura?

Para mí, la respuesta es obvia: Dios, a quien se le atribuyen la omnipotencia (todo lo puede), la omnipresencia (todo lo abarca), la omnisciencia (todo lo sabe) y omnibenevolencia (es absolutamente bueno), por eso todo está bien.

---

44 http://www.abc.es/20120905/ciencia/abci-prueba-fisica-materia-oscura-201209050826.html

45 Niesl Bohr, descubridor de la estructura del átomo.

La mente no se halla en la cabeza

Oshman[46] aborda el concepto de matriz viviente. Sostiene que debe haber alguna forma física de interconectar todo el cuerpo y que, de esta manera, se podría explicar la infinidad de movimientos que este puede realizar de una forma tan sincronizada, cómo nuestro cuerpo puede expresar al instante sentimientos y emociones, cómo podemos pasar de un estado a otro con un simple cambio de pensamiento y, algo que es especialmente importante para nosotros, cómo estas emociones dejan huella en nuestros cuerpos.

Oschman define a la matriz viviente como «una red molecular permanente interconectada y conformada por los tejidos conectivos (matriz extracelular), los citoesqueletos (matriz intracelular) y los núcleos celulares (matriz nuclear de todo el organismo). Y toda ella, en su conjunto, constituye una red de redes que entrega y recibe información a la velocidad de la luz».[47]

---

46 Dr. Oschman, *Medicina energética. La base científica*. Discusión sobre la matriz viviente. www.medicinacuantica.net.

47 http://www.neuralterapeuticum.com/neuralterapia/articulo.aspx?id=1134. 19-10-2011

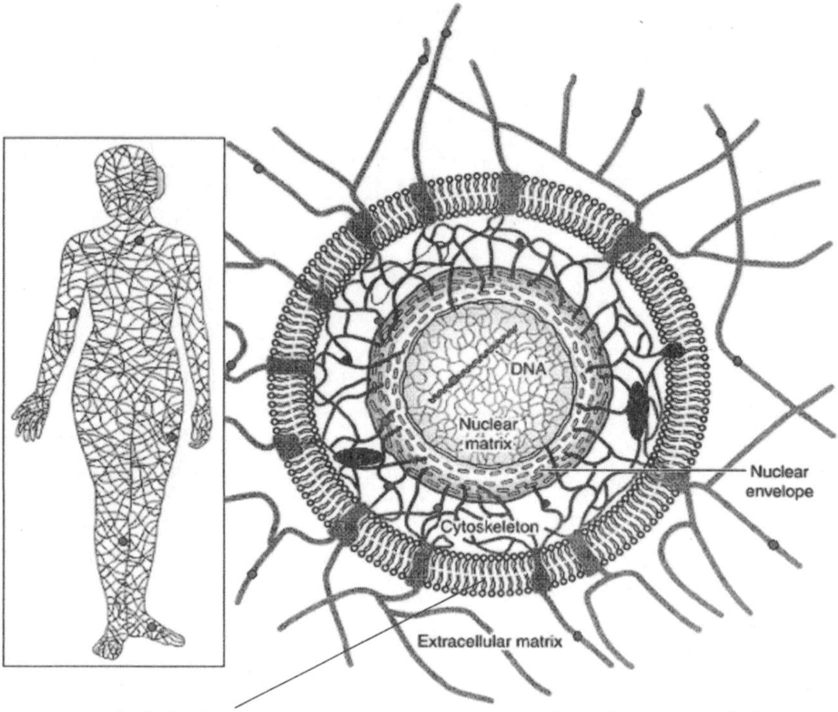

Cadena de fosfolípidos que conforman la membrana celular. Parte de la célula de vital importancia para la comunicación intracelular y extracelular.

Figura 10. Célula con todo el citoesqueleto.

No olvidemos que el tejido conectivo se organiza y ordena a modo de un patrón sumamente regular, propio de los cristales, tanto si está en forma líquida como sólida. Analizaré profundamente este tema en el desarrollo de la membrana celular y la célula como cristal semiconductor. Estas teorías se exponen por Bruce H. Lipton en *La biología de la creeencia* y en *La biología de la transformación*.

El hecho de que tenga las cualidades de un semiconductor hace que sea ideal para transmitir información, además, le permite almacenar energía, amplificar las señales y procesar esta información.

Por eso, después de haber visto hasta ahora las diversas teorías, puede explicar perfectamente los diversos métodos de curación y, sobre todo, todas las técnicas que empleamos en BioNeuroEmoción.

Los últimos hallazgos de la física cuántica nos permiten comprender la más que posible comunicación energética de nuestro organismo a nivel subatómico. Por eso es tan importante mantener una coherencia cuántica, para que nuestras células no se dañen o se deterioren.

Nuestra coherencia emocional es fundamental para mantener esta coherencia cuántica, ya que, en el campo cuántico, el que guarda toda la información, se expresará en razón directa a la emoción a la que nosotros demos salida.

James Oschman dice:

> *Agregaré que los nuevos conocimientos en epigenética enseñan que, al parecer, tanto lo que pensamos sobre nosotros mismos como las palabras emitidas por la gente que nos rodea pueden provocar cambios en el ADN de las moléculas. Se dice, por eso, que el ADN de cada célula del cuerpo «escucha» cada palabra que se pronuncia. Por lo que la matriz vital vibratoria, el sistema vital que lo une todo en el organismo y que permite la trasmisión de oscilaciones biológicas desde las membranas celulares al ADN, probablemente desempeña un papel clave en la entrega de las vibraciones de nuestras palabras y pensamientos a cada molécula de ADN del cuerpo. Ahora bien, esto sí es una hipótesis que necesita ser probada.*[48]

Con todo ello vemos la importancia que tiene aquí el Observador. Observar los propios procesos emocionales nos permite tomar cierta distancia, disociarnos de alguna manera. Esto nos convierte en espectadores del asunto y no en los protagonistas. Este distan-

---

48 Entrevista publicada en *Discovery Salud*, realizada por Antonio F. Muro en junio de 2009.

ciamiento nos permite tener un espacio/tiempo para tomar otras decisiones e interactuar con el campo cuántico para que, de esta manera, su expresión en el cuerpo físico sea otra.

Aquí radica la importancia de la propia curación, en ser conscientes de que nosotros podemos alterar las consecuencias de un hecho, porque, a fin de cuentas, la causa de lo que sucede en nuestros cuerpos está en nuestras mentes.

Además, si extrapolamos esto a la idea fundamental de que todo está conectado, comprendemos que nuestra matriz viviente está interconectada con la Matriz Universal, también llamada Campo. Esto me permite pensar que mi matriz viviente es un resonador cuántico que conduce señales que van desde mi cuerpo al Campo y desde el Campo al interior de mi cuerpo.

La curación mental es fundamental en el proceso de curación y en la forma en que vivimos un hecho determinado. De hecho, en muchos libros de metafísica se nos dice «sana tu mente, y tu cuerpo simplemente te seguirá». Son libros de enseñanza no dualista y que gracias a la física cuántica podemos entender perfectamente. Libros que me inspiran constantemente en mi proceso de comprensión de la Unidad de todas las cosas. Sin ellos no creo que hubiera llegado hasta donde estoy, a expresar las ideas que expreso y, sobre todo, a interrelacionarlas. Esta interrelación es el objetivo fundamental de este libro.

Veamos una serie de experimentos que demuestran cómo las emociones afectan al ADN. Estos experimentos están explicados en el libro de Gregg Braden.[49]

- **Experimento 1.** Es el llamado **Efecto fantasma del ADN**. Poponin y Gariaev diseñaron un experimento para comprobar el efecto del ADN sobre las partículas (fotones), la sustancia cuántica de la que está hecho nuestro mundo. Pri-

49 *La matriz divina*, Editorial Sirio, 2008, en el apartado «Tres experimentos que lo cambian todo», pág. 61.

mero extrajeron todo el aire a un tubo especialmente diseñado, creando el vacío. Aunque esté hecho el vacío, se sabe que hay algo dentro, los fotones. Con un equipo especial se podían detectar las partículas, y los científicos midieron la ubicación dentro del tubo.

Lo que encontraron no fue ninguna sorpresa, los fotones estaban distribuidos de forma desordenada.

En la segunda fase del experimento se introdujeron muestras de ADN humano en el tubo con los fotones. Ante la presencia del ADN, los fotones siguieron una pauta distinta ante la presencia de material vivo. El ADN estaba ejerciendo una influencia directa sobre los fotones.

La siguiente sorpresa se produjo cuando se extrajo el ADN del recipiente, los fotones continuaban ordenados, como si el ADN aún estuviera en el tubo. Poponin comentó que la luz se estaba comportando «de una forma sorprendente y contra toda lógica».[50]

Una vez que se había extraído el ADN del tubo, ¿qué era lo que estaba afectando a las partículas de luz? Poponin escribió en su resumen que sus colegas y él se veían «obligados» a aceptar la hipótesis de trabajo de que alguna nueva estructura de campo estaba siendo estimulada.[51] Como el efecto parecía estar relacionado con la presencia del material vivo, al fenómeno se le llamó «el efecto fantasma del ADN».

Este experimento demuestra, de alguna manera, que ejercemos influencia sobre el mundo que nos rodea. Nosotros no vemos esta influencia directamente porque esta se realiza a través de partículas cuánticas, pero no debemos olvidarnos de que nosotros estamos hechos de la sustancia más íntima del Universo, estamos hechos de partículas cuánticas. Par-

---

50 Reseña n.º 10, capítulo 2, del libro de Gregg Braden.

51 Reseña n.º 11, capítulo 2.

tículas que se ordenan de tal modo que conforman lo que llamamos el universo material. Si algo influye en la sustancia más íntima, ¿qué me impide pensar que afecta a lo más grande?

- **Experimento 2. Conexión ADN/Emoción** presentado en la revista *Advance*.

  El ejército realizó un experimento y su hipótesis de trabajo fue para determinar con exactitud si la conexión emoción/ ADN continúa después de una separación, y en el caso de que así fuera, ¿a qué distancia?

  Se tomaron muestras de ADN de la boca de un voluntario. Esta muestra fue aislada en otra habitación del mismo edificio. En una cámara especialmente diseñada, el ADN se midió eléctricamente para ver si respondía a las emociones de la persona de la que provenía, el donante, que estaba en otra habitación a docenas de metros.

  Al sujeto se le mostraron una serie de imágenes de video diseñadas para crear estados genuinos de emoción. La idea era que el donante experimentase un amplio espectro de emociones reales en un corto periodo de tiempo. Mientras tanto, en la otra habitación se estaba midiendo su ADN para evaluar su respuesta.

  En el mismo instante en el que el donante experimentaba puntos «álgidos» y puntos «bajos», el ADN de sus células registraba una poderosa respuesta eléctrica.

  El ejército interrumpió sus experimentos, pero el Dr. Cleve Backster y su equipo continuaron con ellos, llegando a trabajar a una distancia entre sujeto y muestra de 500 km.

  Además, el intervalo de tiempo se medía con un reloj atómico localizado en Colorado. En todos los experimentos el tiempo de respuesta fue cero. Los resultados eran los mismos, independientemente de la distancia.

  Un colega del doctor Backster, el doctor Jeffrey Thompson, dijo: «No existe realmente un lugar donde el cuerpo termine, ni tampoco donde comience».[52] La conclusión a la que podemos llegar es que, para que este fenómeno suceda, «algo» debe conectarlos, y además ese «algo» está al margen del espacio/tiempo. A ese «algo» se le llama «Campo Punto Cero». La matriz divina, como le llama Gregg Braden.

- **Experimento 3. Emoción/Corazón.**
  Este experimento lo realizó el Instituto HeartMath, su hipótesis de salida era explorar el poder de las emociones humanas sobre el cuerpo. Específicamente, eligieron el corazón como el lugar del que parecen emanar las emociones y los sentimientos. Este experimento ha sido publicado en diversas revistas científicas.[53] Uno de los resultados más importantes ha sido la documentación del campo de energía en forma de *donut* que rodea al corazón y se extiende más allá del cuerpo.
  Para poner a prueba la teoría, se decidió examinar los efectos de la emoción humana sobre el corazón. Estos experimentos fueron llevados a cabo entre 1992 y 1995. Se empezó por aislar una muestra de ADN humano en un vaso de precipitado y luego se exponía a una poderosa forma de emoción llamada «emoción coherente». Esto se hizo mediante técnicas de control mental y emocional especialmente diseñadas y que consisten en acallar a la mente y centra la mente en el corazón y emociones positivas.
  Usando técnicas especiales que analizan el ADN, tanto química como visualmente, se pudo detectar cualquier cambio. Los resultados fueron irrefutables. La conclusión final fue la siguiente: ¡las emociones humanas cambian la forma del ADN! En otras palabras: estos experimentos revelan que

52 Reseña n.º 14, del capítulo 2.

53 Para más información visitar el sitio web: www.heartmath.com/company/index.html.

> distintas emociones producen efectos diferentes en la molécula de ADN, haciendo que esta se enrolle o se desenrolle.

Por eso nosotros explicamos estos experimentos, para demostrar que nuestras emociones afectan al Campo y que este afecta a la materia de la que está formado nuestro cuerpo. Esta hipótesis de trabajo la respaldamos con las teoría físicas expuestas anteriormente y a lo largo de todo este libro.

Y Aristoteles decía: «Si andas preocupado por problemas financieros, amorosos o de relaciones familiares, busca en tu interior la respuesta para calmarte. Tú eres el reflejo de lo que piensas diariamente».

¿En realidad somos tan frágiles?

Nos han enseñando que tenemos que protegernos de unos bichos malos llamados bacterias, virus, etc. Estamos programados para tener miedo, estamos programados para pensar que necesitamos constantemente ayuda exterior para curarnos. Esta programación implica que si no hacemos lo que nos dicen los «expertos», estamos excluidos de los beneficios. El problema es que estos beneficios cuestan una gran cantidad de dinero y nos encadenan a unas creencias limitantes. Anulan nuestro poder.

Quién no ha oído hablar del efecto nocebo[54] y del efecto placebo. Los estudiantes de Medicina aprenden que una gran cantidad de enfermedades se curan gracias al efecto placebo.

Estamos luchando contra las bacterias «malas», cuando en realidad conviven en nuestro cuerpo millones. Si no fuera por ellas, no existiríamos.

En un artículo de la revista *Science*, que integra genética y epidemiología, el microbiólogo V. J. Di Rita escribió: «La mayor parte de la epidemiología moderna se basa en el trabajo de John Snow, un terapeuta inglés que gracias a sus meticulosos estudios de las víctimas del cólera descubrió que esta enfermedad se transmitía a través

54 «Efecto nocebo y efecto placebo», *La biología de la transformación,* Bruce H. Lipton, Editorial Palmyra, 2010. Demuestra que la mente tiene el poder de sanar el cuerpo cuando la gente cree de veras que un fármaco o un procedimiento en particular conseguirá una cura.

del agua. El cólera también jugó un papel importante en la fundamentación de la bacteriología moderna: cuarenta años después del importantísimo descubrimiento de Snow, Robert Koch desarrolló la teoría germinal de la enfermedad tras identificar el agente causante del cólera. La teoría de Kock tuvo también sus detractores; uno de ellos estaba tan convencido de que el causante del cólera no era el *V. Cholerae* que se bebió un vaso de agua contaminada con dicha bacteria para demostrar que era inofensiva. Por razones inexplicables, no contrajo la enfermedad, a pesar de que estaba equivocado».[55]

Una de las explicaciones científicas que se dio al hecho de que no resultase afectado por la bacteria es que su sistema digestivo segregaba más ácido clorídico de lo normal. En contraste, en BNE creemos que su convencimiento de que no le afectaría hizo que su inconsciente biológico diese como solución el que segregase más ácido clorídrico.

Puedo contar una historia particular. Una hermana mía, Eva, era anoréxica. Falleció de tuberculosis. Los médicos nos dijeron que esta enfermedad era altamente contagiosa y que la familia podría ponerse muy enferma. Yo no me creí esto, porque mis razonamientos y creencias estaban fundamentados en otro estado de cosas que de alguna forma quiero explicar en este libro. Nadie en mi familia contrajo la enfermedad, ni siquiera yo, que era el que la atendía cada día y recogía sus esputos.

¿Quién no ha oído hablar de la remisión espontánea? Una paciente mía tenía un cáncer de endometrio galopante. Ella es enfermera, y cuando le diagnosticaron la enfermedad vino corriendo a mi consulta para que la desprogramara (por aquel entonces no le llamaba BioNeuroEmoción, le llamaba curación emocional). Me dijo: «El doctor cirujano, que es amigo mío, me operará este viernes porque este cáncer va muy rápido y es muy peligroso». Así fue, el viernes la operaron y los tejidos extraídos

55 Bruce H. Lipton, *La biología de la transformación*, Editorial Palmyra, 2010, págs. 39-40; pág. 55.

se llevaron al examen histológico. Días después mi amiga fue a la visita correspondiente con el doctor y este le dijo: «No tienes cáncer. Si no fuera yo el que te visitó y te diagnosticó, creería que el médico que te dio el diagnóstico estaba borracho o drogado. Puedes poner una vela la Virgen de Montserrat».

Muchos médicos, cuando se encuentran personalmente con una remisión espontánea, no se lo creen y, tal como pensaba el doctor de esta experiencia, piensan que había un diagnóstico equivocado.

Tengo otro ejemplo de mi experiencia clínica. A un paciente mío le diagnosticaron que tenía el virus del sida. Al cabo de unas semanas se empezó a encontrar mal, y todos le dijeron que era debido a la enfermedad. Semanas más tarde recibió una carta de la Seguridad Social diciéndole que su diagnóstico estaba equivocado, que había sido un error burocrático y que se habían confundido de paciente. No tenía el virus del sida. Le repitieron las pruebas y entonces salió que tenía el virus del sida. Que cada uno piense lo que quiera.

Un ejemplo extraordinario, y que condujo a la creación de la ciencia de la Psiconeuroinmunología, es el siguiente. Unos niños japoneses alérgicos al veneno de una planta similar a la hiedra formaron parte de un experimento que consistía en frotarles el antebrazo con una hoja de planta venenosa. Como control, también les frotaban el otro antebrazo con una hoja de una planta similar, aunque no venenosa. Tal y como se esperaba, casi todos los niños presentaron una erupción en el antebrazo que se había frotado supuestamente con la hoja tóxica y ninguna respuesta en el brazo tratado con la hoja falsa.

Lo que los niños no sabían era que las hojas se habían etiquetado mal a propósito. ¡El pensamiento negativo de creer que les estaban aplicando una planta venenosa hizo que apareciera un sarpullido en la zona frotada con la hoja inofensiva![56]

---

56 Bruce H. Lipton, *La biología de la transformación*, Editorial Palmyra, 2010, págs. 39-40; pág. 55.

Este es un ejemplo perfecto del efecto nocebo, la creencia de que estoy tomando o me están haciendo algo malo hace que se produzcan los efectos.

Puedo poner otro ejemplo. En la zona donde vivimos hay unos mosquitos que se llaman mosquitos tigre. No hace falta que explique el porqué. Sus picaduras producen un escozor enorme y este se reactiva durante días. Parece que la roncha ha desaparecido, y al día siguiente vuelve estar activa. Explico esto porque es fundamental entender el efecto nocebo que experimenta mi hijo David. Cuando mi hijo sale al jardín y empieza a trabajar en él, comienza a rascarse y en todo su cuerpo se aprecian rochas de picaduras de mosquitos tigre. Un día tuvimos que llevarlo de urgencias, pues se le puso un brazo enorme. Le pongo un líquido para calmar el escozor y al cabo de unas horas mejora. Este líquido solamente calma y desinflama las ronchas, pero al día siguiente vuelven a salir, y así durante varios días. Pues a mi hijo David ya no le salen más, y esto no le pasa a nadie, ni que su cuerpo se llene de ronchas, ni que estas se vayan al día siguiente.

Bien, ¿y cómo afecta todo esto a nuestras vidas?

Lo que está claro es que mis pensamientos y mis sentimientos, es decir, mis percepciones, determinan e influyen en mi fisiología. Las percepciones tienen una gran influencia en las experiencias de mi vida. Es lo que hace que mis creencias actúen y se manifiesten en aquello que creo porque simplemente lo creo.

Como diría Bruce H. Lipton, las percepciones son creencias que inundan cada célula. Nos podríamos preguntar de dónde salen nuestras creencias y muchos de nosotros estaríamos de acuerdo en que las creencias tienen varias fuentes, a saber, culturales, familiares y todas aquellas que se introducen en nuestras mentes antes de los seis años. Luego están las creencias de nuestros ancestros, las que nosotros llamamos transgeneracionales, y otras no menos importantes, las que recibimos de nuestra madre desde que estamos el vientre materno y hasta al menos tres años. Respecto a esto a hay autores que nos dicen que la influencia de la madre es muy fuerte hasta los siete años y que todos los estados emocionales que ella pasa se imprimen en el inconsciente de su hijo.

¿Cuántos de nosotros no hemos llegado al máximo de nuestro potencial por culpa de creencias autolimitadoras?

Recuerdo a una paciente mía que era incapaz de estudiar. Era evidente que era una mujer inteligente, pero cuando se ponía delante de un libro para estudiar, sencillamente se ponía a llorar. En una sesión descubrimos que cuando tenía unos doce o trece años la sacaron de la escuela para ponerla a trabajar en el negocio familiar. Cuando alguna clienta preguntaba por qué la niña no estaba en la escuela, la respuesta de la madre era: «Es que no sirve para estudiar». Cuando ella tomó conciencia de esta creencia limitante se puso a estudiar y aprobó el acceso a la universidad. Cuando lo logró, me dijo: «Era como una espina clavada, ahora ya puedo seguir haciendo lo que he estado haciendo hasta ahora, porque es lo que quiero hacer».

Figura 11. Danza con la sombra.

De hecho, en metafísica se dice que nuestra percepción determina nuestro estado mental. Así como creemos, así es como vemos.

El acto de percibir es un acto de proyectar, y lo que proyectamos es lo que está dentro de nuestra mente. Como decía el maestro Jesús, más o menos: «Vemos la paja en el ojo ajeno y no vemos la viga que está en el nuestro».

Carl G. Jung nos enseña que siempre estamos proyectando nuestra sombra y que la percibimos como rasgos característicos en los demás. Normalmente aquello que más nos molesta de los otros es aquello que tenemos condenado o no soportamos de nosotros mismos.

> *Cuando finalmente nos vemos forzados a reconocer nuestra sombra, al principio nuestra relación es como una incómoda danza ritual que siempre amenaza con degenerar en una guerra activa.*[57]

La idea del Observador consciente es alcanzar un nivel de conciencia lo suficientemente elevado para no tener que proyectar la sombra en los demás.

Si las características de la sombra se hacen conscientes y se integran de alguna manera, entonces la persona tendrá un nivel de conciencia fuera de lo común. La mayoría de las personas ignoran lo egoístas y egocéntricas que son en sus vidas y se dedican a mostrase como muy desinteresadas, altruistas, ayudando a los demás, y en realidad están proyectando lo que Jung llama personalidad. Estas personas atraen a sus vidas a otros que muestran las características de sus propias sombras. Es decir, se quejan de que su pareja, su amigo o amiga es egoísta y egocéntrica, etc.

El Observador (el yo) es el sujeto en el que se representan los contenidos psíquicos. Es como un espejo. Eso permite que la psique pueda verse a sí misma y así convertirse en consciente.

Podemos definir consciencia del Observador como un percatarse, estar despierto, observar y registrar lo que está ocurriendo en el mundo que nos rodea y en el mundo que está dentro de

---

57 Robin Robertson, *Introducción a la Psicología junguiana*, Editorial Obelisco, 2002, pág. 116.

nosotros.[58] Algunas veces la sombra nos posee y hacemos cosas de las cuales luego nos arrepentimos, y entonces decimos cosas como «lo siento, no sé qué me ha pasado».

En BioNeuroEmoción decimos que mostrar algún tipo de exceso en nuestra vida indica que nuestra sombra se está manifestando, y es entonces cuando debemos estar alertas y tomar conciencia de qué hay detrás de ese exceso. El exceso puede ser algún tipo de fobia, por ejemplo a las avispas, a estar en determinados lugares, a tener algún tipo de adicción, etc.

Existe una especie de atracción: siempre nos encontramos o nos relacionamos con personas que expresan el opuesto de cómo nosotros creemos que somos, podemos ser unos reprimidos sexuales y siempre nos encontramos con personas lujuriosas o desenfrenadas.

¿Quién no ha ido al cine y, sin darse cuenta, ha quedado atrapado en la emoción? Siempre digo a mis pacientes que aquello que nos emociona, de alguna manera, tiene que ver con nosotros y con nuestros programas. Siempre me acordaré de que después de mi divorcio no podía ver películas en las que los personajes se separan. Dejó de molestarme cuando mis heridas emocionales sanaron.

Jung le da mucha importancia a las influencias familiares y a cómo estas conforman lo que él llama «complejos», concluyendo que el inconsciente está significativamente moldeado por las relaciones cercanas en el entorno familiar.[59]

Por lo tanto, el primer paso para la toma de conciencia es enfrentarse a la sombra e integrarla para que cese la lucha. En BioNeuroEmoción la integración de los opuestos como partes de uno mismo es fundamental para la sanación mental y emocional. Cosa que nos lleva a un estado de paz interior que propicia el cambio de percepción, y esto lleva a la curación física.

---

58 Murray Stein, *El mapa del alma según Jung*, Editorial Luciérnaga, 2009, págs. 30-31.

59 Murray Stein, *El mapa del alma según Jung*, Editorial Luciérnaga, 2009, pág. 72.

En realidad, ¿de dónde viene la información?

Cuando vieron los resultados del Proyecto Genoma,[60] los científicos empezaron a pensar que tenía que haber un nuevo punto de vista sobre el verdadero funcionamiento de la vida y otra manera de entender la forma en que la información se transmitía a los descendientes.

Es el surgimiento de la Epigenética,[61] que en griego quiere decir 'más allá de la genética'. Es la expresión fundamental de la idea de que ya no somos las víctimas de un programa, sino que nosotros podemos hacer algo para mejorarlo o activar otros programas latentes. Es la demostración de que el ambiente afecta a las células y de que estas responden adaptándose.

Lo que ocurre es que este ambiente va más allá del ambiente puramente físico, trasciende al ambiente emocional. Es la constatación de que nuestros sentimientos y emociones afectan a la información de nuestro ADN. Más adelante explicaré cómo ocurre esto y lo haré a través de los descubrimientos del neurólogo Bruce H. Lipton sobre la membrana de la célula.

---

60 Proyecto Genoma. Creencia de que como hay más de cien mil proteínas en nuestro cuerpo, tendrían que haber más o menos los mismo genes. Resultó que el hombre tiene unos 25 000 genes, 2000 más que un gusano.

61 Ciencia que estudia la forma en que el ambiente afecta a nuestra estructura genética. Considera que los genes no son solamente archivos de lectura, sino archivos de lectura y escritura. Podemos recodificarnos.

Lo importante de la Epigenética es que las experiencias de la vida pueden modificar nuestro código genético. Con ello quiero decir que estas experiencias nos impulsan a tomar decisiones y que estas tienen un soporte emocional. Por lo tanto, las emociones son la clave para entrar y cambiar la información.

Para ponernos enfermos debemos, de alguna manera, emocionarnos, y para curarnos debemos, también, emocionarnos.

El otro día estaba en una gran superficie y vi una tienda que vendía artículos de África. Le dije a mi mujer: «Mira que son bonitos, pero, como tú ya sabes, comprar un objeto sin «el alma» de donde procede es como que está muerto. Cuando digo «el alma de donde procede», me refiero a la emoción inherente que le pongo yo al objeto, los sentimientos y emociones que estoy experimentando cuando lo compro en mis viajes o vacaciones. Cuando los veo en casa, están vivos, mirarlos me llena de emoción y de recuerdos de cuando yo estaba allí. Por eso digo que los recuerdos que compro en mis viajes llevan alma, mi alma.

Así es la vida, todo lo que experimentamos lo revestimos de nuestra alma. Llevan los vestidos de nuestras emociones, llevan los vestidos de nuestras percepciones, y esto influye directamente en la información almacenada en nuestras células.

Los mecanismos epigenéticos modifican los datos del código genético para lograr que los genes sean archivos de «lectura y escritura», y no archivos de «solo lectura».

Los mecanismos epigenéticos modifican la interpretación del código genético para que esos genes sean programas editables. Eso significa que las experiencias vitales pueden redefinir de manera activa nuestros rasgos genéticos.[62]

Todo ello nos lleva a dilucidar que somos capaces de aprender e incorporar experiencias en nuestras vidas y estas pueden ser guardadas en nuestro ADN y transmitirse a nuestros descendientes.

---

62 Bruce H. Lipton, *La biología de la transformación*, Editorial Palmyra, 2010, pág. 59.

Vemos aquí la importancia de la percepción y de cómo el Observador debe estar alerta, pues los estados emocionales que experimente en relación a todos los acontecimientos que surjan en su vida pueden activar códigos dormidos y producir experiencias dolorosas en su organismo.

Los pensamientos positivos

Muchas personas intentan mantener en sus vidas pensamientos positivos y solamente obtienen resultados negativos. Ser positivo es una postura, los pensamientos deben ser el resultado de un proceso interior, de una forma de ver y entender la vida. Decirse a uno mismo que tal o cual cosa es positiva o puede llevar a cosas positivas, sencillamente, no sirve para nada. Muchas personas son positivas como un acto de conducta y no como resultado de una forma de ver y entender la vida. Los procesos mentales, las percepciones, proceden de nuestro interior, y si queremos cambiar nuestro universo debemos cambiar no solamente los pensamientos sobre él, sino los sentimientos y las emociones, que son la llave que abre el baúl en el que se encuentran nuestros programas.

A este baúl un servidor lo llama la «caja de Pandora». Pandora fue la primera mujer, creada por orden de Zeus, para introducir los males en la vida de los hombres. La caja contenía todos los males que aquejaban a la humanidad.

Por eso, cuando abrimos la caja de Pandora, estamos abriendo nuestro inconsciente, en él se esconden todos los «no-dichos», los secretos de nuestros verdaderos pensamientos y sentimientos. Al dejarlos salir podemos transformarlos y entonces mostrarnos tal como somos y queremos ser. Nuestras posturas no serán simplemente conductuales, nuestras posturas y acciones estarán alimentadas por pensamientos que se alimentan de emociones con coherencia, entonces sí que nuestros pensamientos cambian nuestro universo personal.

La caja de Pandora

El pensamiento positivo se alimenta de la auténtica fuente, del cambio interior. Ya no nos esforzamos en pensar positivamente, nuestro pensamiento positivo es certeza, nace de lo más profundo de nuestra alma. Es un pensamiento cuántico, es un pensamiento holístico, es saber que todo está en todos y que aquello que piensas siempre está haciendo forma en algún lugar.

Por eso, nuestros hijos, que tienen una mente limpia —con ello quiero decir que no hay barreras—, graban en su inconsciente todo lo que escuchan a sus padres, lo que dicen, lo que piensan, su forma de actuar. Los padres regañan al niño por malo, y puede llegar un momento en el que el mismo niño se regañe diciéndose: «Niño malo».

Cometarios como: «No sirves», «No te lo mereces», «Igual piensas que el dinero se coge en los árboles», «En la vida hay que sufrir», «Si lo que consigues lo haces sin esfuerzo, no vale», etc., etc., etc.

Si hablamos de la madre, tenemos que decir de ella que no solamente nutre a su bebé con su leche, le nutre con sus emociones. Cuando la madre está feliz, el niño está feliz; cuando la madre está triste, el niño está triste, y si la madre, cuando está embarazada, tiene pensamientos y sentimientos de rechazo, el sistema nervioso del feto registra pensamientos de rechazo.

Muchas personas comprenden, después de ser tratadas, que sus vidas no eran un accidente porque sí, que había un trasfondo, que había un programa que les hacía vivir rechazo, que nunca se sentían satisfechas, programas de desvalorización, de no quererse, programas de tristeza desde su nacimiento, programas de depresión porque su madre era una madre ausente porque siempre estaba deprimida.

Eran personas que se consideraban víctimas de unas ciertas fuerzas externas, que no eran conscientes de que llevaban unos programas en su inconsciente procedentes de sus padres y de sus ancestros.

En el libro de Sue Gerhardt, *Why Love Matters* («Por qué importa el amor»), se hace hincapié en que el sistema nervioso fetal registra las experiencias vividas en el útero. En el momento del nacimiento, la información emocional derivada de las experiencias maternas ya conforma la mitad de la personalidad del individuo.[63]

A este proceso, en BioNeuroEmoción, le llamamos «Proyecto Sentido» y comprende un periodo de tiempo que nosotros extendemos de los nueve meses antes de la concepción hasta más o menos los seis años. Durante este periodo el niño registra todas las experiencias sensoriales. Su cerebro, que nace solamente con conexiones del tronco cerebral y del cerebelo, tiene el resto libre y se va conformando según va creciendo y aprendiendo todos los aspectos psicomotrices, psicoemocionales, etc.

Las lecturas de los electroencefalogramas (EEG) muestran que los cerebros de los adultos tienen una actividad que se corresponde con los diferentes estados de conciencia: *Delta* (O,5-4 Hz), que corresponde a dormido o inconsciente; *Theta* (4-8 Hz), que corresponde a un estado de imaginación/ensueño; *Alfa* (8-12 Hz), que corresponde a la conciencia en calma; *Beta* (12-35), que

63 Ibid, pág. 68.

corresponde a conciencia con concentración y *Gamma* (> de 35), que corresponde a máximo rendimiento.

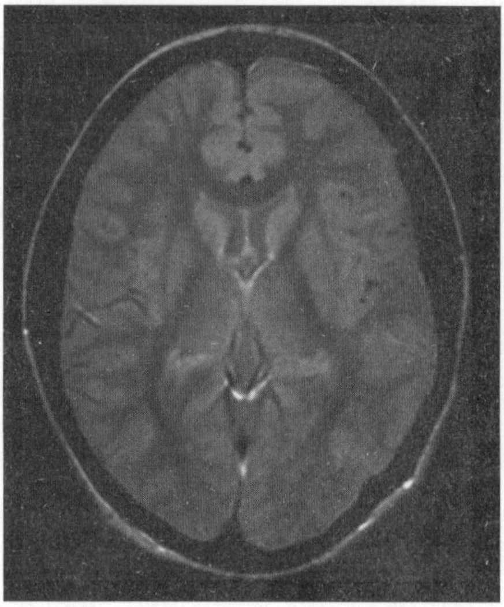

Figura 12. Cerebro de adulto.

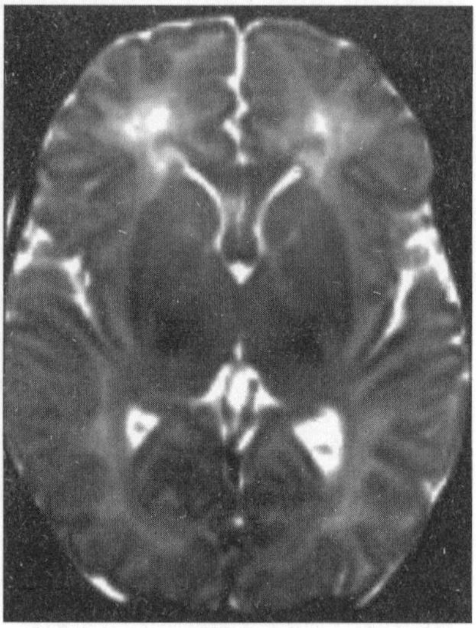

Figura 13. Cerebro de recién nacido.

Imágenes cedidas por el O.I.P.S.
(Organización para la Integración de la Salud, Cuba).

Las frecuencias cerebrales de los niños durante su desarrollo muestran un comportamiento radicalmente diferente. Las ondas del EEG oscilan y sus estados correspondientes evolucionan de manera gradual a lo largo del tiempo.

La actividad cerebral durante los primeros años de vida del niño es la *Delta*, la de más baja frecuencia.

Entre los dos y los seis años, la actividad cerebral del niño se incrementa y actúa sobre los rangos de *Theta*. Los niños pasan la mayor parte del tiempo en un mundo imaginario que se mezcla con el mundo real.[64]

---

64 Ibid, pág. 70.

La conciencia en calma, asociada a un aumento de la actividad *Alfa*, solo se convierte en una etapa cerebral predominante después de los seis años.

A los doce años el cerebro muestra todos los rasgos de frecuencia, aunque su actividad fundamentalmente se encuentra en *Beta*.[65]

En resumen: los niños se pasan los primeros seis años de su vida en una especie de trance hipnótico. Todo lo que el niño registra hasta esta edad lo hace sin filtros y es programado por sus padres y por las personas que le rodean.

Por eso, cuando a un niño se le ingresaba en un colegio de monjas o de sacerdotes, se le programaba de tal manera que estos programas marcaban su vida de adulto. Puedo hablar personalmente de ello. Nací en una familia fundamentalista ortodoxa de la religión católica, fui a un colegio de monjas y sacerdotes, mi vida estuvo marcada a fuego por los programas que me inculcaron. Hoy los he sanado, pero ellos siguen allí, prestos a activarse a la más mínima. Mi solución fue vivir la experiencia religiosa, a la que ahora llamo espiritual, desde un aspecto más metafísico. Mi Dios ya no es el dios del miedo, sino el dios del Amor. La culpabilidad ya no forma mi archivo principal y el perdón está constantemente reflejándose en mi vida.

Bien, ¿y cómo afecta todo esto a nuestras vidas?

Mientras mi mente consciente trata de vivir sus proyectos, hay algo en mí que los sabotea. Tomar conciencia de estos programas —aquí empieza otra vez el papel del Observador— es fundamental. Pero esto no se puede hacer empleando la razón, porque intentar cambiar los programas utilizando la razón es lo mismo que rascarse la nariz cuando en realidad te pican los pies.

Nos libera saber que nuestras creencias derivan de nuestros antepasados (Transgeneracional). Sirve de ayuda saber que nuestra madre intentó abortar, aunque luego nos cuidó y nos amó

65 Ibid, pág. 70.

(Proyecto Sentido). Todo esto nos libera de la culpabilidad y nos permite liberar de la culpabilidad a nuestros padres y ancestros, porque ellos mismos también llevan o llevaban sus programas correspondientes.

¿Qué hay que hacer? La respuesta ya hace tiempo que está escrita: perdonar. Hay varios descubrimientos científicos que confirman que cuando una persona entra en ese estado emocional del perdón, sencillamente se libera.

No debemos olvidarnos de que a estas alturas ya podemos comprender que nuestra filosofía conforma nuestra biología a la larga y que la función de nuestro inconsciente es buscar la coherencia (palabra que vengo utilizando constantemente como camino de curación). Repito una vez más que cuando hablo de coherencia me refiero a la coherencia entre nuestras creencias y nuestro comportamiento en el mundo.

> *El perdón nos permite no quedarnos estancados en el pasado.*[66]
>
> Fred Luskin

El determinismo genético. Proyecto Genoma

Cuando la prestigiosa revista *Nature* publicó el trabajo de Watson y Crick sobre el descubrimiento del ADN, en 1953, se produjeron muchos cambios, sobre todo en el modo de ver y entender la vida.

Crik postuló el dogma central de la Biología Molecular. En este dogma se expone fundamentalmente que el flujo de la información en la mayoría de los sistemas biológicos es direccional, o sea, del ADN a ARN y luego la proteína.

---

66 Fred Luskin, *Forgive for Good: A Proven Prescription for Health and Happiness*. Harper San Francisco, New York, 2003.

Dicho más llanamente, el ADN hace una especie de fotocopia de un gen que lo lleva otro ácido nucleico que es el ARN. Este último es el encargado de hacer la proteína correspondiente. Aquí tenemos una de las claves del determinismo genético: la vida procede de los genes.

Esta idea se viene vendiendo constantemente aun a sabiendas de que no es verdad, o al menos no es totalmente verdad. Cada día hay noticias de descubrimientos de genes que son la causa de tal o cual enfermedad.

«El cuerpo que experimenta la vida está formado por proteínas; puesto que las proteínas no pueden enviar la información sobre las experiencias vitales al ADN, la información medioambiental no puede cambiar el destino genético. Esto significa que la información genética está aislada del entorno.»[67]

Fue el trabajo de Temin el que rompió este dogma con su descubrimiento de la Transcriptasa inversa, que es la enzima que copia la información del ARN en el ADN. Demostró que el flujo de información puede ir en ambas direcciones. Esto implica que los cambios hereditarios pueden ser influenciados por el entorno.

Fue en 1990 cuando el biólogo H. Frederick Nijhour dijo: «Los genes no son autoemergentes y no pueden activarse o desactivarse por sí solos».[68]

No hay que ser un lince para hacerse la siguiente pregunta: «Entonces, ¿quién activa a los genes?».

La respuesta es evidente, ¡es el entorno! Esta respuesta enlaza con la nueva ciencia llamada Epigenética. En ella se expresa fundamentalmente que la expresión celular y la actividad genética está regulada por el entorno, al menos en un tanto por ciento muy elevado.

---

67 Bruce H. Lipton, *La biología de la transformación*, Editorial Palmyra, 2010, págs. 170-171.

68 Ibid, pág. 70.

Tendría que definir qué es el entorno y qué entendemos por entorno. Es un tema que desarrollaré más adelante, cuando hablemos de la membrana celular. Sí que puedo adelantar que el entorno (o medioambiente) se puede considerar lo que vemos como entorno con nuestros propios ojos y sentimos con todos nuestros sistemas biológicos, y también, el cómo percibimos a este entorno. Dicho de otro modo, yo puedo llevar unas predisposiciones genéticas y estas no activarse nunca porque mi forma de percibir ese entorno, mi forma de relacionarme con él y mi forma de sentirme involucrado a nivel emocional hace que estos genes, llamémosles regresivos o negativos, no se activen.

El Proyecto Genoma Humano nació con la idea altruista, y no menos mecanicista, de cambiar genes malos por genes buenos, como un vulgar mecano. La idea es clara: si el gusano *Cenorhabditias elegans,*[69] un organismo de 1271 células, tiene alrededor de 23 000 genes, ¡qué no iba a tener el ser humano!

La sorpresa fue espectacular. Nosotros, que poseemos 50 billones de células, tenemos aproximadamente los mismos genes que el gusanito en cuestión. Se esperaba encontrar, al menos, cien mil genes.

Está más que aceptado que los factores medioambientales son la causa de muchas alteraciones fisiológicas. También es cierto que, aun a sabiendas de que las emociones alteran a esta, no se tienen muy en cuenta a la hora de hacer terapia. Las emociones son procesadas por nuestro sistema mental, concretamente por el sistema límbico, el cual activa una serie de hormonas y neurotransmisores que llevan la información a todo nuestro cuerpo, o sea, a las células, y estas activan las proteínas correspondientes para adaptarse al nuevo estado.

En páginas anteriores expuse parte de una entrevista realizada a Rupert Sheldrake realizada por Sabine Leitner (pág. 71). Ahora

69 Ibid, pág. 175.

voy a exponer otra parte de esta entrevista que hace referencia al genoma humano.

S. L.: En su página web descubrí que recientemente ha lanzado una apuesta sobre el genoma. ¿De qué se trata?

R. S.: Es una apuesta sobre el poder predictivo del genoma y es una especie de ejemplo de la realidad de esta diferencia de opinión o visión del mundo. El Proyecto Genoma es el último grito de la Biología Mecanicista. Pero en lugar de ser el triunfo que conduce a la comprensión de nuestra naturaleza y de la naturaleza de la vida, como nos habían dicho en los años 80 y 90, no parece necesario. Las compañías de biotecnología han perdido por lo menos cien mil millones de dólares del dinero de los inversores sin obtener prácticamente ningún resultado. Arthur Levinson, fundador de Greentech, la empresa de ingeniería genética estadounidense, ha descrito la industria de la biotecnología como «la industria que ha perdido la mayor cantidad de dinero en la historia de la humanidad». Volviendo al tema de la apuesta, la he hecho con Lewis Wolpert, un distinguido biólogo británico. Él ha apostado que el 1 de mayo de 2029 será posible predecir todos los detalles de un organismo basándonos en el genoma de un huevo de animal o en el de una planta. Yo apuesto a que no será el caso. Ya está claro que esto no va a suceder, y la llamada heredabilidad perdida es una crisis dentro de la ciencia moderna porque los genes no explican todo lo que se supone que deben explicar. Siempre he dicho que se exageró la importancia de los genes; creo que la mayor parte de la herencia depende de la resonancia mórfica, y no de los genes.

Concluye en otro apartado: «La herencia es genética solamente en parte».[70]

Descubrimientos sobre el ADN

La ciencia occidental solamente se ocupa del 10% del ADN, el otro 90% lo considera basura, como si la naturaleza fuera tonta e hiciera cosas inútiles. Tamaño esfuerzo resulta que para algunos científicos no tiene razón de ser. A veces me pregunto hasta dónde puede llegar la arrogancia y la prepotencia del ser humano.

De acuerdo a estos hallazgos, nuestro ADN no solamente es el responsable de la construcción de nuestro cuerpo, sino que también sirve para almacenar y comunicar datos. Los lingüistas rusos encontraron que el código genético, sobre todo en esta parte inútil, sigue las mismas reglas de todos nuestros idiomas humanos.

Ellos encontraron que los alcalinos de nuestro ADN siguen una gramática regular y sí tienen reglas fijas, como nuestros idiomas. Por tanto, los idiomas humanos no aparecieron por casualidad o coincidencia, sino que son un reflejo de nuestro ADN inherente.

El biofísico y biólogo molecular Pjotr Garjajev[71] y sus colegas también exploraron el comportamiento vibracional del ADN. En resumen, la base fundamental fue: «Los cromosomas vivos funcionan justo como un computador holográfico usando radiación láser de ADN endógeno».

La sustancia viva de ADN siempre reaccionará a los rayos láser modulados por el idioma y aun a las ondas de radio, si las frecuen-

70 Entrevista de Sabine Leitner realizada en abril de 2011 y publicada en www.revistaesfinge.com.

71 Pjotr Garjajev. Descubrimientos rusos de ADN. Vernetzte Intelligenz von Grazyna Fosar und Franz Bludorf. Traducido al español por Luis Prada de la versión inglesa de Barerbel.

cias son correctamente usadas. Esto finalmente explica científicamente por qué las afirmaciones, la hipnosis y lo equivalente pueden tener tales fuertes efectos sobre los humanos y sus cuerpos. Es enteramente normal y natural para nuestro ADN reaccionar al lenguaje.

Ellos capturaron los patrones de información de un ADN en particular y lo transmitieron a otro, entonces, reprogramando células a otro genoma, hicieron un experimento exitoso, transmitieron a embriones de rana la información de embriones de salamandra (mediante los rayos láser) y se desarrollaron salamandras.

Para que esto tenga éxito en nuestra vida es imprescindible trabajar en los procesos de desarrollo interno a fin de establecer una comunicación consciente con el ADN.

Como un ejemplo de lo que exponemos, la Naturaleza nos da múltiples pruebas de comunicación. Cuando una hormiga reina es separada de su comunidad, las hormigas trabajadoras que quedan seguirán construyendo según el plan. Sin embargo, si se mata a la reina, todo el trabajo se detiene en la colonia. Ninguna hormiga sabrá qué hacer. Ella puede estar tan lejos como quiera, pero tiene que estar viva para que la colonia siga funcionando. ¿Se requieren más pruebas? En la Naturaleza hay infinidad, ¿hasta cuándo la ciencia oficial seguirá ciega y sorda?

Bien, ¿y cómo afecta todo esto a nuestras vidas?

De todo lo expuesto podemos deducir que el papel del Observador es fundamental. La mejor manera de prevenir, como casi siempre, es educar. Esta educación debe estar encaminada a la responsabilidad que todos tenemos con nuestra salud, y cuando digo «responsabilidad» no mc refiero solamente a alimentarse correctamente, a hacer ejercicio moderado, a cuidar nuestro cuerpo, sino a cuidar nuestros pensamientos y nuestras emociones con relación a todo cuanto acontece en nuestras vidas. Para ello es necesario actualizar nuestras conductas y reeducar nuestras mentes para ser conscientes de que nosotros también estamos cambiando el entorno.

Tenemos que ser conscientes de que cambiando nuestras creencias podemos cambiar nuestra fisiología y de que de alguna manera también somos dueños de nuestro destino.

Es bien cierto que a veces heredamos unas cargas genéticas brutales y limitantes sobre las cuales, que sepamos, no podemos hacer nada. Aquí la terapia génica tiene un campo de estudio extraordinario, y buscar la forma de reparar estos genes me parece una tarea extraordinaria y loable. Creo sinceramente que este es el campo de investigación, y no buscar genes individuales para tal o cual enfermedad, porque de no cambiar los factores, y en este caso me refiero a los emocionales, muy probablemente tendremos una recidiva por mutación genética. Hay que buscar la fuente, hay que buscar la causa, y dejar de pensar que las cosas ocurren por azar. Hay que dejar el determinismo newtoniano para entrar en el paradigma holístico donde todo está relacionado con todo y con todos.

Tenemos que dejar de pensar que nuestra curación está fuera de nosotros, abandonar la creencia de que «todo lo que me ocurre es por causa de la mala suerte, del mal de ojo, por culpa del otro, de los políticos, de mi mujer, de mi marido, etc.». No debemos olvidar que el problema encierra la solución.

¿Quién no ha tenido un dolor de estómago a los minutos o segundos de recibir una mala noticia? ¿Quién no se ha sentido mal al ver por televisión una noticia dramática? ¿Qué padre no se ha alertado cuando sus hijos aún no han llegado a casa cuando los esperaba a cierta hora y se le pone el corazón «taquicárdico»? ¿Cómo podemos negar lo evidente?

Los experimentos rusos nos demuestran que la información ya nos viene almacenada, de alguna manera nos demuestran científicamente lo que el Trasngeneracional nos enseña, esto es, que heredamos patrones de nuestros ancestros y que si no los hacemos conscientes estos gobernaran nuestras vidas como un vulgar «matrix» que nos hace vivir experiencias y relaciones de una manera inconsciente.

La BioNeuroEmoción emplea métodos para adentrarnos en ese mar ignoto del inconsciente, lugar donde podemos entrar a buscar emociones ocultas y reprimidas para iluminarlas con nuestro estado consciente y reprogramarlas con el fin de que dejen de funcionar sin nuestro saber. Reprogramando nuestros pensamientos y nuestras emociones nuestro ADN reacciona a estas vibraciones y puede anular o bloquear efectos no deseados.

Tomar conciencia de cómo nos hablamos, qué pensamientos repetimos, palabras y pensamientos que activan de alguna forma nuestros sentimientos y emociones, la cuales determinan formas de vivir, formas de interrelacionarnos con nuestro entorno, y por descontado nuestros síntomas físicos, que son el reflejo de todo ello.

La BioNeuroEmoción busca interrelacionar el efecto con la causa y establecer qué códigos entiende el inconsciente biológico cuando nosotros los activamos con ciertas emociones. ¿Cómo lo vivimos? ¿Qué entrada biológica es la más sensible en nuestra propia fisiología? Somos digestivos, visuales, cenestésicos. Veremos.

La Teoría de la Evolución, Darwin, Wallace, Lamarck

En *La biología de la transformación*, de Bruce H. Lipton y Steve Bhaerman, se habla de Darwin, de la verdadera historia y los trapicheos que en ella se urdieron. Desde que lo leí no pude dejar de pensar que en este libro tenía que hablar de ello. Es increíble que la tan cacareada ciencia se sustente en pilares tan falsos. Podemos comprenderlo si nos ponemos en el contexto de la época en donde ser de clase alta se consideraba un estado evolutivo con respecto al de un plebeyo. El lector podrá ampliar esta información más adelante.

Lamarck sugirió que la evolución era el resultado de la adquisición y propagación de adaptaciones inducidas por el entorno, necesarias para la supervivencia en un mundo que no deja de cambiar. Sus ideas fueron mal interpretadas dándole un sentido que él nunca quiso dar. Se acusaba a Lamarck de atribuir a la Naturaleza «el deseo» de cambiar. La persona que lo lapidó fue un tal Cuvier, y lo hizo de tal forma que todavía sus retóricas se emplean por algunos biólogos de hoy en día.

Tres décadas después, Charles Darwin publicó *El origen de las especies*. En él afirmaba que las alteraciones hereditarias aparecen de forma aleatoria y que la Naturaleza vendría a jugar con los dados en sus saltos evolutivos.

Gracias a los recientes descubrimientos, entre ellos a la Epigenética, se demuestra que la perspectiva teleológica de la evolución que tenía Lamarck es válida.

Creo que es el momento de diferenciar diversos aspectos de cómo se contempla a la Naturaleza y qué características se le atribuyen.

La palabra «teo» da un significado de divinidad y complementa a la palabra en la cual está inscrita.

La pregunta que hace temblar a todas las mentes es: «¿Qué sentido tiene la vida?».

Aquí no entraré en detalles teológicos, donde el dogma predomina y al final es cuestión de aceptar que el origen de la vida se le atribuye a un Ser superior. Simplemente se acepta como un dogma de fe.

La teleología, o explicación teleológica, indica que la vida tiene una dirección o una meta.

Darwin reconoció que los organismos estaban organizados teleológicamente. Al final aceptó la adaptación y dio una explicación natural a dichas adaptaciones.

Para algunos autores de Biología, se usa demasiado el lenguaje teleológico, se dicen cosas como: «Una de las funciones del riñón es eliminar las toxinas» o «La tortuga salió a la playa a poner huevos», el problema es que ven una intencionalidad. El miedo es ver una intencionalidad consciente. Pero para mí sería una intencionalidad inconsciente.

Tendremos que entrar en otro concepto para intentar aclararnos, este sería el de la «teleonomía». Su definición, según Mayr[72] (1988 en los múltiples significados de la teleología), sería: «Un proceso o conducta teleonómica es aquel que debe su direccionalidad de propósito a la operación de un programa».

Toda conducta teleonómica se caracteriza por dos componentes:

---

72 Tito Ureta, Departamento de Biología, Facultad de Ciencias, Universidad de Chile. Sacado de un artículo en preparación: «La Ecología de la Nueva Ciencia».

- Guiada por un programa
- La existencia de un punto final o meta

Como nos diría Tito Ureta, del Departamento de Biología de la Universidad de Chile:

> *El aspecto verdaderamente característico de una conducta dirigida a una meta no es que existan mecanismos que mejoren la precisión con que se alcanza dicha meta, sino que haya un mecanismo que inicie, es decir, que sea la causa de la conducta.*[73]

El término «teleológico» se cambia por el de «teleonómico» para evitar connotaciones vitalistas, animistas y antropomórficas. De alguna forma pretende huir de la conciencia que conoce el final de los proyectos.

Las actividades teleonómicas son aquellas en las que el estado final se alcanza en virtud de la estructura de las entidades implicadas. Como la homeostasis o el desarrollo ontogénico.

Por lo que podemos concluir, después de estas reflexiones, que el Universo debe tener las propiedades necesarias para el surgimiento en él de vida inteligente (explicación teleológica).

La clave de toda esta disertación sería que el miedo es a introducir en una definición o en una explicación el término de conciencia. Tendríamos que seguir con la explicación teleológica de la Naturaleza. Hoy en día vemos propiedades de la Naturaleza que son teleonómicas, como la ontogénesis, pero sería del todo imposible explicar el funcionamiento de la Biología al margen de procesos de consciencia.

---

73 Tito Ureta, Departamento de Biología, Facultad de Ciencias, Universidad de Chile. Sacado de un artículo en preparación: «La Ecología de la Nueva Ciencia».

La conciencia, como vengo explicando a través de diversos autores, pertenece al ámbito del Universo y se expresa en toda ella de alguna forma y con algún sentido que el ser humano trata de descifrar.

Seguimos con la Teoría de la Evolución, con sus diversos padres. Seguir discutiendo si la naturaleza se adapta con sentido o sin él, me parece querer rizar el rizo. Como ejemplo podemos hablar de cómo las bacterias o los virus se adaptan al medio cuando la ciencia descubre algún tipo de medicamento para vencerlos. Ellos lo que hacen es mutar y volverse resistentes a los «ataques» de alguien o algo que no comprende que la función principal de la vida es vivir.

Es más, se vacuna a las personas con una vacuna del virus del año anterior porque no se sabe cómo va a ser el virus de la gripe, por ejemplo, en el año en curso.

Lo que está claro es que todo muta, y no creo que haya una reunión de virus, una asamblea decisoria para dilucidar qué mutación hay que hacer y si se va a probar tal o cual solución. Aunque todo parece indicar que hay mutaciones aleatorias, al final se encuentra una que tiene éxito. La Naturaleza se adapta con sentido porque de algún modo hay conciencia. Esto lo prueba el hecho de cuando en el proceso aleatorio, por ejemplo las bacterias, encuentran la solución, el proceso se detiene.

No quiero olvidarme de Wallace. Este señor era un naturalista inglés que trabajaba en Borneo. Era plebeyo, y esto en aquella época era algo muy negativo.

Wallace le envió una copia a Darwin de un ensayo sobre la evolución, y le pidió que lo revisara y se lo enviara a Charles Lyell. Era un ensayo perfecto, y fue la piedra filosofal de la teoría de Darwin.

Como había un tema de ser plebeyo, Lyell encontró la solución de redactar una carta en la que se afirmaba que Darwin y Wallace se conocían y que ambos caballeros tuvieron el mismo pensamiento sobre la evolución. Se alteraron documentos y ensayos.

Esta teoría fue presentada como la teoría de Darwin y Wallace en Londres el 1 de Julio de 1858.[74]

La clave de todo lo que quiero explicar en este capítulo es que la vida de la humanidad hubiera sido de otra manera si se hubiera aplicado la sutil diferencia de Wallace en vez de la de Darwin.

Esta diferencia es que para Wallace la evolución estaba guiada por la eliminación de los más débiles, mientras que Darwin, interpretando los mismos datos, llegó a la conclusión de que la evolución era el resultado de la supervivencia del más fuerte.

Sobre el azar

Quisiera detenerme en otra reflexión relacionada con la idea del azar, de la aleatoriedad. Particularmente se me hace muy complicado entender que las cosas existan «per se». Hay una infinidad de inteligencia por doquier, existe una variabilidad extraordinaria de especies, la adaptabilidad es una ley universal y esta nos indica que en ella subyace una cantidad de información siempre disponible al cambio y a la supervivencia. La ciencia le llama mutación, pero esta no creo que se lleve a cabo por el azar. Creer esto es creer que tanta belleza y tanta armonía procede de la nada, es creer que el acto creativo de una idea nueva surje de la nada. Y como todos sabemos, de la nada no se puede sacar nunca nada.

Se hace imprescindible un poco de humildad y reconocer nuestras limitaciones, no debemos caer en el simplismo pseudoreligioso y pensar que «algo» lo controla todo. Prefiero pensar que la información ya está ahí, aunque quizás nunca sepamos por qué.

Las teorías de la evolución intentan explicar quizás lo inexplicable o lo incomprensible. Sí parece ser cierto que todo evoluciona, pero lo que no parece ser tan cierto es que esa evolución

74 Bruce H, Lipton, *La biología de la transformación*, Editorial Palmyra, 2010, pág. 153.

sea fruto del azar. Que la Tierra haya tenido las condiciones para albergar vida es interesante, la pregunta sería: «¿Qué hizo posible que esta evolucionara a los niveles que lo ha hecho?». Si de la simple bacteria se puede llegar al ser humano, simplemente pienso que el potencial de información para llegar a este nivel evolutivo sería imposible si detrás no hubiera una Inteligencia que está a nuestra disposición para ser utilizada y manifestada. Por lo tanto, puedo deducir que no hay una única dirección, sino una infinidad de ellas.

En un artículo de Francisco Javier, se argumenta y se nos recuerda la futilidad de intentar explicar el origen del Universo por fuerzas aleatorias, impersonales.[75]

> *Las matemáticas nunca han tenido éxito al dar una definición matemática de lo aleatorio... simplemente no existe. Tenemos que los matemáticos no saben lo que es aleatoriedad, pero pueden decir si una secuencia de números finita no es aleatoria al incumplir alguno de los test de aleatoriedad. Pero incluso en el caso de que una secuencia de números cumpla todos los test, nunca podríamos estar seguros de que la secuencia sea aleatoria... ¿Cómo podemos estar seguros de que un número es realmente aleatorio? No podemos.*[76]

Con esto concluyo que el título de azar no es más que la tapadera científica con la que se pretende cubrir la vasta laguna de la ignorancia. Cuando el científico desconoce las causas de algo, lo llama azar y todo explicado.

---

75 Francisco Javier, «Dios, ciencia y azar», http://www.menteabierta.org/index.php/categorias/crisycien/430-dioscienciaazar

76 Heinz Pagels (catedrático de Física Teórica en Rockefeller), *El código del Universo,* Ediciones Pirámide, 1989.

El artículo sigue con la siguiente reflexión: «Lo peor es que muchos lo creen, pensando que es irracional creer en Dios, cuando lo irracional es creer cualquier cosa vestida de ciencia con tal de no creer en Dios. Quiero puntualizar, a título personal, que para mí el concepto Dios no es el de un ser antropomórfico, con barba y cierto parecido con los humanos, con su ira y todo lo demás».

Freman Dyson[77] dice: «Es cierto que aparecimos en este Universo por azar, pero la idea de azar es solo el disfraz de nuestra ignorancia», que es tanto como decir que no sabemos por qué estamos aquí. Ciertamente la vida tiene un sentido, pero no está en el ámbito de la ciencia el dárselo. Toda prueba contra el azar es un tanto a favor del argumento teleológico (el objetivo y finalidad de la naturaleza era conocida y planeada de antemano). También Freeman nos dice: «La gente intenta comprender el gran Universo mirando a través de dos ventanas: la ciencia y la religión».[78]

Paul Davies, físico-matemático, en su libro *El proyecto cósmico* nos dice: «Es imposible imaginarse un Universo completamente determinista y que su futuro sea, no obstante, desconocido e incognoscible. Aunque las leyes de la física sean estrictamente deterministas dejan un lugar para que el Universo sea creador y genere innovaciones impredecibles».[79]

El mismo Davies nos dice que la probabilidad matemática de que el azar diera lugar a una molécula simple de ARN autorrepli-

---

77 Freeman Dyson, profesor de Física en Princeton, www.wikiquote.org/, *Dios, ciencia y azar*, por Francisco Javier, de la obra: *Investigación y ciencia,* oct. 1994, págs. 73-74. http://www.menteabierta.org/index.php/categorias/crisycien/430-dioscienciaazar

78 Ibid.

79 Paul Davies ha escrito unas veinte obras, *El proyecto cósmico*, *La mente de Dios, base científica para un mundo racional. Dios, ciencia y azar* por Francisco Javier, *Investigación y ciencia,* oct. 1994, págs. 73-74. http://gator1701.hostgator.com/~mamaster/index.php/categorias/crisycien/430-dioscienciaazar.

cante es de una frente a diez elevado a dos mil millones, que es tanto como decir: ¡imposible!

Y sigue con su explicación: «Entonces, cuanto más compleja sea la vida, más probable es que el azar la destruya». Esto en sí mismo es un contrasentido. Insisto: esto no refuta la evolución, pero sí el mecanismo del azar.

Como vengo exponiendo hasta ahora, el científico no acepta una Inteligencia Suprema, aun cuando esta se manifiesta por doquier. Se afirma que el Universo no tiene causa, simplemente es. Vendrían a decirnos que el Universo es su propia causa.

Como decía al principio, ¿puede la nada hacer algo?, ¿tiene capacidad creadora? Si la respuesta es sí, como parece que nos dice la ciencia, entonces entran en su propia contradicción: la nada tiene que ser algo, ya que tiene una capacidad.

Señores, por favor, un poco de humildad, no pasa nada por que no tengamos la capacidad o no seamos capaces de salirnos del paradigma y contradecir nuestras propias ideas. Por favor, señores, que existimos, lo que deberíamos preguntarnos es ¿cuál es nuestro nivel de existencia?, ¿nuestra existencia es real o es simplemente la manifestación de un acto de observación? El Observador, siempre terminamos en él. Cuán importante es tener conciencia del acto de observar y de qué premisas nos valemos para hacer este acto supremo.

B. Rusell dijo: «Las Matemáticas pueden ser definidas como una materia en la cual nunca sabemos de qué estamos hablando ni si es verdad lo que decimos».

La ciencia nunca nos proveerá de argumentos, siquiera mínimos, para excluir la Inteligencia Universal en la manifestación de lo que vivimos y experimentamos. Es totalmente ilógico tratar de sustituir a esta Inteligencia por la Nada.

Mi reflexión final vendría a definir esta Nada. Entiendo por Nada lo que potencialmente puede expresarse y manifestarse. Es Nada porque aún no es manifestada, y para que ella sea es necesario un acto de observación lo suficientemente potente para que explote esta Nada y empiece a manifestarse en el sentido del acto de observar. La Nada está ahí y la llamamos Nada porque no la vemos, pero cuando hacemos un acto de conciencia esta Es. *Hola, observador, ¿ya sabes que observas?*

Quizás esta Nada sea la tan famosa «materia oscura» junta a la energía que lleva el mismo nombre. Quizás la realidad está ahí y no tenemos ojos para verla. Quizás todo está frente a nosotros a la espera del acto plenamente consciente de observación.

Liberémonos de nuestras creencias que encorsetan nuestra mente y nuestra visón y abramos nuestras mentes a lo que creemos que es imposible.

Bien, ¿y cómo afecta todo esto a nuestras vidas?

Esto lleva unas connotaciones filosóficas muy importantes. Todos hemos oído alguna vez frases como: «La vida es una jungla», «Debes ser el más rápido, el mejor, el número uno», etc. Entonces los demás son nuestros enemigos potenciales, si te doy, yo dejo de tener, si sabes como yo, entonces eres mi enemigo, mi rival. Estamos más preocupados por la competición que por la colaboración.

Hemos convertido el mundo en una carrera para llegar a ser los mejores. Es el momento de la cooperación, de crear estructuras cooperativas, de compartir información, de hacerla llegar a todos los rincones de nuestro planeta.

Dejar de pensar de una forma newtoniana, determinista, el pensamiento del logro obtenerlo ya, lo más rápidamente posible, sin preocuparnos de lo que ocurrirá mañana con nuestro planeta y con nuestros descendientes.

Se hace necesario trabajar con una visión integral. Trabajar con organismos que busquen la integración con el todo, que el equilibrio se mantenga y que la homeostasis del planeta no llegue a ser algún día tan brutal que la vida se ponga en peligro en él.

El cerebro emocional y el cerebro cognitivo

Cuando hablamos del cerebro cognitivo, hablamos del famoso neocórtex. Este es el que nos permite razonar, tomar decisiones —sobre todo el córtex frontal —, el que nos permite reflexionar, concentrarnos, prestar atención, el que inhibe los instintos. Este cerebro solamente controla un 5% de la actividad total. Es un cerebro lento, procesa unos 40 bits de información por segundo. Por el otro lado está el cerebro emocional, inconsciente, preocupado sobre todo por sobrevivir y, ante todo, conectado al cuerpo. Es un cerebro rápido, hasta un millón de veces más rápido que el cerebro cognitivo.

El que me ocupa es el cerebro emocional. Este está regido por una región del cerebro que se llama «sistema límbico». Es la parte del cerebro encargada de procesar la información, pero muy sensible a las emociones, de ahí su nombre.

La capacidad de equilibrar el cerebro cognitivo y el cerebro emocional se conoce como «inteligencia emocional». De alguna manera nosotros, en BioNeuroEmoción, intentamos que nuestros clientes aumenten su inteligencia emocional, que sean capaces de tomar conciencia de estos procesos tan rápidos y hacerlos lentos para su observación.

El doctor Wortis, un psiquiatra que fue analizado por el propio Freud hacia la década de los años 30, comentó que se quedó sorprendido cuando Freud, con insistencia, le dijo: «No se contente con aprender el Psicoanálisis como se formula hoy en día. Es algo que ya está superado. Su generación será la que verá realizarse la síntesis entre Psicología y Biología».[80]

Siguiendo con el sistema límbico, este es el encargado de recoger continuamente las informaciones provenientes de las distintas partes del cuerpo, controlando el equilibrio fisiológico (homeostasis).

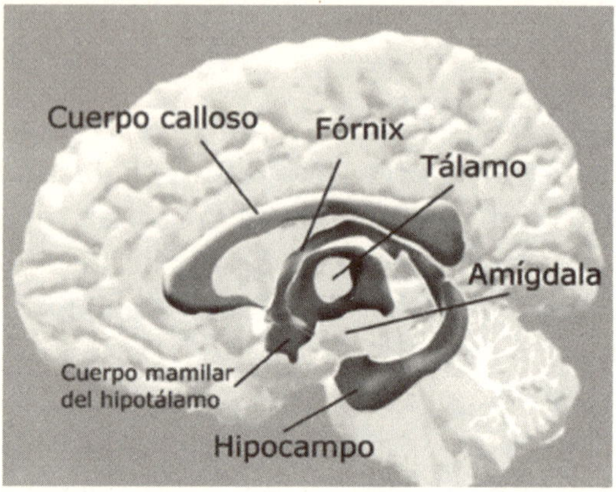

Figura 14. El sistema límbico. Cerebro emocional, http://www.comoves.unam.mx/articulos/ahogarse.html. Ahogarse en alcohol. Gabriel Nagore.

El cerebro emocional tiene la capacidad de desconectar el córtex. Puede tomar la iniciativa y realizar acciones de una forma instintiva. Cuando las emociones nos inundan, nuestros pensamientos se detienen, somos incapaces de pensar lo que es mejor para nosotros. A estos excesos es a lo que hay que prestar atención en terapia, pues ellos nos indican que esta reacción desproporcionada oculta un conflicto emocional que se guarda en el inconsciente.

Una parte muy importante del cerebro límbico es la amígdala, su principal papel es la protección, y esta protección —más que

---

80 David Servan-Schreider, *Curación emocional*, Editorial Kairos, 2010, pág. 31.

física— es psicológica. Para ello la amígdala ha ampliado su sistema de programación para guardar en su memoria, a parte del estrés, el sufrimiento mental-emocional.

Cuando hablamos de sufrimiento mental-emocional nos referimos a sufrimientos que percibimos como injusticias, abusos, sentimientos de víctima, frustraciones, fracasos, etc.

La amígdala se desarrolla para protegernos frente a cualquier situación de amenaza que nosotros percibamos. Su ampliación va más allá de procesos físicos y se adentra en procesos psicológicos basados en experiencias mentales-emocionales grabadas en nuestra memoria.

Funciona por los principios de grabación y semejanza. Cuando nuestro sistema inconsciente percibe, a través del sistema límbico, una situación de peligro potencial, este nos avisa mediante una reacción fisiológica.

Cuanto más profundo haya sido el sufrimiento —y esto estará en función de las emociones—, más reactiva será la respuesta biológica. Esta respuesta es inconsciente, puede ser excesiva, y además es irracional. El neocórtex no puede controlar esta reacción que nosotros llamamos «visceral».

El cerebro cognitivo controla la atención consciente y la capacidad de atemperar las reacciones emocionales, pero esto es una espada de doble filo: por un lado nos puede evitar problemas de tipo relacional (nosotros hablamos de «cerebro de las relaciones») y por otro, al ahogar nuestras emociones, al asfixiarlas, estas pasan al inconsciente y se quedan allí para mejor ocasión. Decimos que se quedan «programadas», prestas a desencadenarse en otra ocasión, o bien, sencillamente, el sistema límbico acaba dándoles una salida fisiológica en forma de síntoma o enfermedad.

Uno de los grandes impedimentos a la hora de trabajar con clientes es el gran control que ejerce el cerebro cognitivo con relación a las emociones. Hay una separación entre ambos cerebros y este desarrolla una gran capacidad para no prestar atención a las pequeñas señales de alarma. En muchas ocasiones comprobamos que las personas (clientes) encuentran razones para aguantar un mal matrimonio, una profesión que los anula, relaciones con familiares adictivas, etc. Esto es procesado por el cerebro límbico, que al encontrarse en un callejón sin salida lo traduce en síntomas físicos o enfermedades. Entre las enfermedades típicas encontramos la fibromialgia, la hipertensión arterial, las infecciones repetitivas, las enfermedades cardíacas, los trastornos intestinales, problemas en la piel, las migrañas, etc.

Nuestro trabajo es encontrar la emoción o las emociones reprimidas, aquellas que ocultamos a nuestro cerebro cognitivo o consciente. Sabemos que lo que más afecta a nuestra fisiología no son las emociones negativas en sí mismas, sino su supresión o, mejor dicho, su represión.

Hay otro pequeño cerebro. Y no por pequeño es menos importante. Es el cerebro del corazón. Este órgano tiene algunas decenas de miles de neuronas. Se dice que la buena relación entre el cerebro emocional y el cerebrito del corazón es una de las claves de la inteligencia emocional. Por eso nosotros decimos, en BioNeuroEmoción, que no hay que hacer aquello que creemos que tenemos que hacer (cerebro cognitivo) sino aquello que realmente sentimos (cerebrito del corazón). Al hacer lo que sentimos, lo primero que experimentamos es paz interior. Las personas con un gran grado de inteligencia emocional son personas que están en paz la mayor parte del día.

> *El reflejo directo del vaivén entre el cerebro emocional y el corazón es la frecuencia normal entre los latidos del corazón. El intervalo entre dos latidos sucesivos nunca es idéntico. Esta variabilidad es muy sana en sí misma porque es la señal del equilibrio de nuestro sistema nervioso autónomo. Cuando el corazón late como un metrónomo, sin la menor variabilidad, es señal de enorme gravedad.*[81]

81 Ibid, pág. 51.

Por lo tanto, si queremos tener a nuestro corazón en coherencia, nada más fácil que poner coherencia en nuestras vidas. Lo que pensamos, lo que sentimos y lo que hacemos debe estar en línea recta, es decir, en coherencia.

Investigaciones en el nuevo campo de la neurocardiología muestran que el corazón es un órgano sensorial y un sofisticado centro para recibir y procesar información. El sistema nervioso dentro del corazón (o el «cerebro del corazón») lo habilita para aprender, para recordar y para realizar decisiones funcionales independientemente de la corteza cerebral. Por otra parte, numerosos experimentos han demostrado que las señales que el corazón envía constantemente al cerebro influyen en las funciones de los centros más importantes de este, sobre todo en aquellos que involucran a los procesos de percepción, de conocimiento y a los emocionales. Sentimientos negativos como la ira o la frustración están asociados con un errático, desordenado e incoherente patrón en el ritmo cardiaco. En contraste, sentimientos positivos como el amor o el aprecio están asociados con un suave, ordenado y coherente patrón en la actividad del ritmo cardiaco.[82]

Para llevar a nuestro paciente (cliente) a esta coherencia se hace preciso que tome consciencia de estas emociones reprimidas y guardas en el inconsciente. Para ello utilizamos diversas terapias como la PNL (Programación Neurolingüística), hipnosis Ericksoniana, relajación, análisis del transgeneracional, etc.

Figura 15. Terapia del espejo. M. Adell. Propiedad del ieBNE

82 Por Rollin McCraty, PhD, Instituto HeartMath. http://www.heartmath.org/

También utilizamos tratamientos con metafísica aplicada en base a los principios de la física cuántica con verdades tan ancestrales del espejo, de vernos reflejados en los demás, en la proyección de la sombra (filosofía junguiana).

Por eso la función principal del especialista en BioNeuroEmoción es «desaprender» este cerebro emocional y que la persona se adapte a una nueva percepción de la vida y de las situaciones, abandonando los viejos programas de sus ancestros, de sus padres, que le hacían vivir una vida sin sentido y con la etiqueta de víctima.

Para terminar, un consejo útil. Este consejo es conocido por centenares de años:

> *Nunca pensarás en hacer al prójimo lo que no te gustaría que él pensara hacerte a ti.*

Los pensamientos crean forma en algún lugar, pero, sobre todo, influyen directamente en los procesos fisiológicos de nuestro organismo. Hasta tal punto esto parece ser así que la muerte programada de las células (apoptosis) desaparece y estas se pueden desarrollar de una manera arcaica hasta hacerte morir.

Yo lo explico de la siguiente manera: cuando mis pensamientos no están en coherencia con mis sentimientos, mis células pierden sentido y dirección dando lugar a síntomas físicos o enfermedades. Por eso, si queremos poner orden en nuestras vidas, debemos cambiar nuestra forma de pensar y de vivir. Ambas opciones deben ir juntas, porque si no es así tendremos un problema y ese problema es la falta de coherencia.

De todo lo expuesto anteriormente, hay algo que mi experiencia clínica me ha enseñado. La amígdala guarda las experiencias más dolorosas y se activa rápidamente con solo apreciar cualquier similitud que tenga que ver con el trauma vivido en el pasado.

Aun cuando la persona haya sanado sus emociones y vea la situación de otra manera y ello haya llevado al cliente a su curación física, hay que mantenerse alerta frente a las situaciones que desencadenaron la enfermedad. La amígdala no olvida jamás, ella es la reguladora del miedo, miedo biológico y por lo tanto visceral. En ella no es posible el razonamiento, ante un peligro potencial, real o imaginario descarga una serie de reacciones fisiológicas. Entonces puede activar otra vez la enfermedad que parecía superada. En medicina se conoce como «recidiva». Se produce porque la persona se expone a personas, situaciones o eventos que programaron y posteriormente activaron la respuesta biológica llamada enfermedad.

Siempre pongo el mismo ejemplo, por lo clarificador que es, para explicar mi razonamiento. Una mujer violada recibe consulta en BNE. Después de esta comprende las causas transgeneracionales, los programas ancestrales que le hacen vivir experiencias determinadas, y se sana. Mi pregunta es: ¿les parecería normal que una vez sanadas sus emociones le dijera que fuera a cenar con el violador aunque este estuviera sanado también? Pues bien, muchas veces el «violador» es una madre castrante, un padre alcohólico, un marido maltratador, etc.

Por eso les digo a mis pacientes que para no tener problemas de recaídas corten emocionalmente, y a ser posible físicamente, con el estímulo adverso.

Hay que reeducar a las personas para que controlen y aprendan a gestionar sus emociones frente a situaciones adversas y recuerdos dolorosos. Hacerlas conscientes de que si se tienen que exponer a personas con las que experimentan emociones negativas, deben mantenerse distantes emocionalmente y ser observadoras de la situación. Tienen que mantener a la mente emocional disociada de la situación y aprender a marcar una distancia, es a lo que llamo umbral de tolerancia o de seguridad emocional.

La biocomputadora

Este capítulo va a ser un homenaje al doctor Bruce H. Lipton. Vamos a presentarle. Es una autoridad de prestigio internacional en los vínculos entre la mente y el espíritu. Tras sus estudios de Biología impartió clases de Biología Celular en la facultad de Medicina de la Universidad de Wisconsin, y más tarde llevo a cabo estudios pioneros en la facultad de Medicina de la Universidad de Stanford.

Sus revolucionarios estudios sobre la membrana celular han sentado las bases de la nueva Epigenética y lo han convertido en uno de los princípiales exponentes de la Biología moderna.

Empezaré con una reflexión del doctor que comparto fervientemente y que es uno de los principales principios de la BioNeuroEmoción:

> *La creencia de que no somos más que frágiles máquinas bioquímicas controladas por genes está dando paso a la comprensión de que somos los poderosos artífices de nuestras propias vidas y del mundo en el que vivimos.*[83]

Por fin podemos ser dueños de nuestras vidas. El cambio de creencias hace que cambie la información en nuestro cuerpo. Por eso es importante este capítulo, pues es la base en la que sustentamos

83 Bruce H. Lipton , *La biología de la creencia*, Editorial Palmyra, 2007, pág. 18.

todo nuestro edificio. Nuestras mentes pueden elegir la percepción del entorno y esta percepción incide directamente en nuestra biología. Pero, sobre todo, esta percepción debe ser genuina, auténtica, una percepción que haga vibrar nuestra alma.

En el año 1953, la ciencia estaba convencida de que se había encontrado «el secreto de la vida». La ciencia se las prometía muy felices pensando que la ingeniería genética iba a ser la solución de todos los males de la humanidad. Un simple cambio de gen y... ¡zas! Problema solucionado. Hasta tal punto llegó este pensamiento que se creía —y algunos todavía creen— que había genes que controlaban nuestras emociones y nuestros comportamientos. En fin, que somos unas máquinas que están controladas por unos programas y que la única solución es cambiarlo, el problema no es este, el problema es creer que alguien te los tiene que cambiar y que tú no tienes nada que ver con ello. Aquí radica el intríngulis de todo. Aquí tenemos el cambio de paradigma que alimenta este libro: tratar de sentar una nueva manera de ver y hacer las cosas, donde el máximo responsable sea uno, empezando por la toma de conciencia de que los pensamientos y las creencias determinan nuestra vida, pero ¡podemos cambiarlos!

Unas curiosidades paralelas

El doctor Bruce H. Lipton, después de lo que él llama una vía de escape: una estancia sabática en una facultad del Caribe, allí se sintió revivir y sentir la pasión de vivir.

Allí es donde el Lipton tuvo su Epifanía, allí es donde encontró la naturaleza de la Naturaleza.

Análogamente, un servidor, metido de lleno en el desarrollo de la BioNeuroEmoción, mientras estaba con los desacuerdos con las diferentes escuelas francesas y sabiendo que nuestra enseñanza no salía de ser una «enseñanza no reglada», el destino quiso y me puso en manos de una persona, mejor dicho, un personaje, que me llevó al Caribe, concretamente a Cuba. Qué curioso es el destino, cómo utiliza a las personas. Quiero dar las gracias a esa persona por su magnífico papel, aun cuando él no entienda lo que pasó. Su compromiso no era como el nuestro, él quería estar allí, se le dieron diversas oportunidades para comprometerse en el proyecto, pero él tenía otro camino.

Nada más llegar allí supeque la BioNeuroEmoción había encontrado la tierra donde florecería. Aquello que consistía simplemente en dar una conferencia y unas ligeras enseñanzas despertó en mí el compromiso de llevar toda la información a este país. Un compromiso que dura ya más de cinco años. Esto ha llevado a que la BioNeuroEmoción empiece a dejar de ser una anécdota para pasar a ser un hecho científico. Es y será Cuba el lugar en el que yo tuve mi Epifanía particular, junto a mis «hermanos» cubanos. Sin ellos, seguramente, no estaría escribiendo este libro junto a mi cuñada Montserrat.

Aquí en el nombre de mi cuñada, Montserrat, se encuentra otra curiosidad paralela. El doctor Bruce H. Lipton fue al Caribe, y la isla donde él residió se llama Montserrat.

A todos estos hechos Carl G. Jung los llamaría «sincronicidades», y de alguna manera el Universo, la información general de él, nos está diciendo que vamos en el camino correcto y que debemos ocuparnos, pero no preocuparnos, pues estamos en el camino de poder llevar al mundo la BioNeuroEmoción a nivel científico. Todo esto es posible gracias a Cuba y también gracias al Caribe.

Hola, célula

Hace 3800 millones de años, en condiciones solo conocidas en parte y en un espacio de tiempo difícil de estimar, los elementos carbono, hidrógeno, oxígeno, nitrógeno, azufre y fósforo formaron compuestos simples que se combinaron, se dispersaron y se volvieron a combinar formando moléculas más complejas, hasta que el entorno de alguna de estas moléculas quedó encerrada dentro de una membrana lipídica.[84]

La formación de las primeras membranas hizo posible que existieran barreras semipermeables que distinguían un espacio entre dentro y fuera, entre propio y distinto.[85]

La formación de una membrana de fosfolípidos permitió que estas estructuras primordiales controlasen su propio entorno, apareciendo la célula, la unidad estructural y funcional de todo ser vivo. Las células evolucionaron, su química y su estructura se hicieron más complejas y fueron capaces de extraer nutrientes de su entorno y convertirlos en energía o en moléculas complejas y de controlar las reacciones químicas y replicarse. Así comenzó la gran diversidad de formas de vida que contemplamos en nuestros días.

Las células vivas se dividen en dos grandes clases: procarióticas, que no tienen núcleo ni estructuras internas membranosas, y eucarióticas, que tienen un núcleo definido y orgánulos intracelulares rodeados de membrana.[86]

Durante los primeros dos mil millones de años las células procariotas, las bacterias, fueron los únicos habitantes de la Tierra, transformando su superficie y su atmósfera. Esto fue posible gracias a la interacción de varios mecanismos distintos de evolución, por ejemplo, la organización del ADN, que permite que una célula viva pueda hacer una copia de sí misma, replicándose y manteniendo su identidad.

Otro ejemplo es que las bacterias intercambian material genético entre ellas, de manera que pueden usar genes de cepas muy

---

84 Thomas M. Devlin, *Bioquímica*, 4.ª edición (2006), Editorial Reverté, S. A., Barcelona, pág. 4.

85 Lynn Margulis y Dorion Sagan, *Microcosmos*, Editorial Tusquets, 1995, pág. 70.

86 Thomas M. Devlin, *Bioquímica*, 4.ª edición (2006), Editorial Reverté, S. A., Barcelona, pág. 4.

distintas para realizar funciones que no posee su propio ADN.[87] Pero uno de los fenómenos más importantes para la comprensión de los procesos evolutivos es la aparición de la primera célula eucariota. Hoy se admite que diferentes agregados de bacterias, en un proceso de endosimbiosis, originaron los cloroplastos, las mitocondrias y los microtúbulos celulares.

Toda célula requiere abastecerse de energía para fabricar estructuras complejas, obtener nutrientes del ambiente, moverse y reproducirse. Todas las células eucariotas contienen mitocondrias, que convierten la energía de las moléculas en alimento. Las células vegetales contienen, además, cloroplastos, que captan la energía directamente del sol. Sin mitocondrias las células eucariotas no podrían vivir, porque serían incapaces de utilizar el oxígeno.[88] La vida responde a los cambios del entorno utilizando materia y energía para permanecer intacta. Un organismo intercambia constantemente sus piezas, sustituyendo sus componentes químicos sin perder nunca su identidad. Es lo que denominamos «salud». Si las amenazas externas son muy importantes, los procesos químicos se interrumpen y aparece la enfermedad.[89]

Si nuestro cuerpo está formado, según dicen, por 50 billones de células y todas ellas tienen una función determinada y muy especializada, la pregunta que surge es: ¿quién dirige a las células y cómo saben ellas lo que tienen que hacer? Y además resulta que hay células madre, las cuales, en contacto con un medio determinado, generan células especializadas.

A pensar como de alguna manera «piensan» las células y desde el punto de vista humano se le llama «antropomorfismo«» y esto

---

87 Lynn Margulis y Dorion Sagan, *Microcosmos*, Editorial Tusquets, 1995, pag. 49.

88 Neil A. Campbell, Jane B. Reece, *Biología*, 7.ª edición, Editorial Panamericana.

89 Lynn Margulis y Dorion Sagan, *Microcosmos*, 3.ª edición, Editorial Tusquets.

es un sacrilegio en las ciencias. Pero la verdad es que el científico cuando «piensa» cómo una célula lleva a cabo su objetivo no deja de aplicar el punto de vista humano y eso hace que sean antropomórficos. Es la pescadilla que se muerde la cola. Para investigar, el científico, al observar seres vivos, no puede dejar de pensar en cómo «piensan» estos organismos.

La verdad es que la célula ejerce todas las funciones de un ser vivo: nace, crece y madura, se alimenta, produce sus proteínas, elimina sus desechos y finalmente muere (apoptosis celular) cuando no se siente útil.

La misma expresión «cuando no se siente....» implica que las células sienten, y si es así... ¿qué sienten?, ¿qué clase de sentimientos experimentan? ¡Bufff! Empezamos a ser otra vez antropomórficos y esto empieza a ponerse peligroso.

Cuando nuestras células se vuelven inutiles o peligrosas, cuando empiezan a desarrollarse de una manera anárquica, pudiendo pasar de un órgano a otro, es debido a que están perturbadas por falta de dirección y de sentido biológico, esto les impide suicidarse (apotosis) y entonces tiene lugar lo que llamamos cáncer.

Esta reflexión es muy interesante, ya que implica que cualquier información que recibieran estas células anárquicas de que son inútiles haría que estas desaparecieran. Es más, se trata de que estas células recuperen el programa de la apoptosis.

Con todo lo que estamos explicando se hace evidente que hay un medio de comunicación entre nuestra mente y nuestro cerebro. Debemos tener en cuenta que nuestro cerebro no se limita al órgano que hay dentro de nuestra cabeza, sino al cerebro que se encuentra en todo nuestro cuerpo. Dicho de otra manera, el cuerpo piensa. Ya hemos hablado del «cerebrito» del corazón, pero en nuestros intestinos también se han encontrado neuronas, por lo tanto también tenemos nuestro «cerebrito visceral».

Por lo tanto, podríamos pensar que nosotros como organismo, formado por 50 billones de células, no podemos estar al margen de ellas, y no solamente esto, sino que de alguna forma todas ellas tienen que ver con nosotros y con nuestro comportamiento.

Una prueba de lo que digo son las adicciones. Las células fabrican unos receptores y cuando estas no reciben la sustancia a las que las hemos hecho adictas, se quejan y nosotros tenemos que tomar esa sustancia mal que nos pese. Por lo tanto existe una comunicación de ellas con nosotros y de nosotros con ellas.

¿Qué hace que una persona pueda dejar la adicción más fácilmente que otra? La respuesta —y esta tiene que ver con mi trabajo— es saber buscar y encontrar la «causa» primera de la adicción, y esta no se encuentra en las células, sino en la programación ancestral, en la programación de cuando estábamos en el vientre de nuestra madre, cuando éramos niños, en cómo era nuestro entorno, en las atenciones que recibimos de nuestros progenitores, etc. Nuestras células reciben esta información y responden a este ambiente con soluciones biológicas. Una solución biológica puede ser el sobrepeso. En BioNeuroEmoción decimos que uno de los factores del sobrepeso es la falta de protección o la sensación de hallarse solo y no ser visto. También la falta de cariño, la falta de alimento emocional, hace que llenemos este «vacío» con alimento físico. Nosotros lo relacionamos con la «madre», una madre que muchas veces es tóxica, en el sentido de que hay algún programa de no deseo del hijo o la hija, es algo inconsciente. De esto sé bastante, no por mis estudios de Psicología, pero sí por ser el mayor de diez hermanos, de los cuales cinco eran mujeres y todas ellas tenían un problema de anorexia/bulimia. Todos teníamos una madre ausente, que nos cuidó, que nos quiso de alguna manera, pero que su programa inconsciente de tener hijos era que estos venían porque los enviaba Dios, y ella, como buena cristiana, y sobre todo buena fundamentalista, obedecía los dictados de Dios, tenía hijos y los cuidaba, pero ninguno fue deseado.

Lo que es cierto es que las células pueden vivir solas y que son inteligentes, buscan entornos favorables y evitan aquellos que pueden hacerles daño. Analizan los estímulos externos y dan las respuestas apropiadas para asegurar su supervivencia. Lo más sorprendente es que las células guardan memoria de esas experiencias y la transmiten a su descendencia.

Cuando una célula es infectada por un virus, se produce la activación del sistema inmunológico para producir anticuerpos. En este proceso se hace necesario que la célula cree un gen que sirva de molde para crear anticuerpos contra ese virus.

Mediante un proceso llamado «hipermutación somática», las células inmunológicas activadas producirán centenares de copias del gen del anticuerpo original.

Las células mantienen una especie de memoria genética, de esta manera, si en un futuro el individuo se ve expuesto otra vez al virus en cuestión, inicia una respuesta de defensa.[90]

Si miramos la evolución veremos cómo las células se van especializando desde las procariotas, pasando por las eucariotas, desde organismos formados por miles de células y con una función muy determinada para terminar en un organismo pluricelular altamente especializado, como puede ser un perro o, por supuesto, un ser humano.

Cuando las células se unen aumentan su consciencia del entorno de una manera exponencial. Esto hace que estas comunidades se dividan el trabajo para hacerlas más precisas y de aquí los órganos que componen, como por ejemplo, el ser humano. Todo esto ofrece una gran ventaja para la supervivencia.

Esta clarísimo que la colaboración es el fin primordial de todo trabajo, de toda meta que se desee alcanzar. Darwin nos enseñó, tal como hemos expuesto anteriormente, la lucha por la supervivencia, pero si esto fuera cierto no estaríamos hoy aquí. Si millones de células se ponen de acuerdo en trabajar juntas, en especializarse, en morir si hace falta, para que el organismo principal viva,

---

90 Steele, et ál.., 1998 pág. 52 del libro de Bruce H. Lipton, *La biología de la creencia*, Editorial Palmyra, 2007.

es evidente que brilla por su ausencia la «lucha por la supervivencia». La colaboración es el medio para obtener un fin en las células y en las sociedades en general.

La división del trabajo nos hace más eficaces. Cuando creamos una sociedad, para que esta sea eficaz es imprescindible que cada miembro sepa muy bien cuál es su cometido y que lo haga por el bien común, sabiendo que si el «organismo» que hemos creado funciona, todos funcionamos, todos nos alimentamos y todos vivimos.

Ernst Mayr[91] escribe:

> *Me parece que Lamarck tiene mucho más derecho a reclamar el título de «descubridor» de la Teoría de la Evolución, como de hecho así lo consideran muchos historiadores franceses. Fue el primer autor que dedicó todo un libro a presentar una Teoría de la Evolución de los organismos. Fue el primero en presentar el sistema animal al completo como un producto de la evolución.*

La teoría de Lamarck se basa más en la cooperación y en la adaptación al medio que permite a los seres vivos sobrevivir y solucionar sus problemas.

La ciencia ha descubierto que muchas especies comparten sus genes, este fenómeno hace que la evolución se acelere porque los organismos pueden aprender experiencias de otros organismos (Nitz, et ál., 2004; Boucher, et ál., 2003; Dutta y Pan, 2002; Gogarten, 2003).[92] Es un recurso empleado por la Naturaleza para incrementar la supervivencia. Atención al chapuceo de los alimentos manipulados genéticamente. Hay evidencias que alteran

---

91 *Evolution and the Diversity of Lives*, (Mayr, 1976). Del libro *La biología de la transformación*, de Bruce H. Lipton, Editorial Palmyra, 2010.

92 Bruce H. Lipton en *La biología de la creencia*, Editorial Palmyra, 2007, pág. 61.

la información de los consumidores y de los organismos que viven en nosotros.

Para terminar estas reflexiones pondré el ejemplo de cuando era estudiante de Ingeniería Técnica. Había una asignatura que considerábamos una «maría», sobrenombre que indica que no tiene importancia, y claro está todo es relativo, hasta que viene un profesor que se la da y ¡vaya que se la dio! En el primer examen suspendieron los 200 estudiantes del último curso. Nosotros hicimos un grupo de estudio y de colaboración, fuimos a la antigua facultad donde daba clase, conseguimos sus apuntes, nos entrevistamos con los estudiantes para saber cómo hacer el examen... en fin, total colaboración. El resultado fue que aprobamos todos los del grupo y luego pasamos toda la información al resto.

Hola, ambiente

Cuando el doctor Bruce H. Lipton estaba aprendiendo a clonar células madre, su mentor y profesor le dijo: «Cuando las células cultivadas empiezan a ponerse enfermas, hay que buscar la causa en el entorno, en primer lugar, y no en la célula misma».[93]

Para comprender que esto es así hay que cuestionar el determinismo genético y hay que prestar atención a las noticias sensacionalistas que nos vienen a decir que se ha descubierto tal o cual gen para una determinada enfermedad. Hay que tener en cuenta que una cosa es que un gen esté relacionado con una enfermedad y otra cosa que sea la causa. Por lo tanto, como nos diría Lipton, no hay que confundir «correlación» con «causa».

Es bien cierto que hay enfermedades con una gran carga genética, pero esto solamente afecta al 2% de la población, la mayoría de nosotros tenemos genes que nos permiten vivir correctamente.

93 Ibid, pág. 67.

Enfermedades como la diabetes o el cáncer, por citar un par de ejemplos, no son el resultado de la alteración de un solo gen, sino de una compleja interacción entre multitud de genes y factores medioambientales.[94]

En estos momentos me viene a la memoria cuando estaba por primera vez con mi abogada. Ella me preguntó a qué me dedicaba y le dije que a la BioNeuroEmoción, ella exclamó: «¿¡La Bio qué!?». Unos minutos más tarde, después de hacerle un resumen de cuál era la filosofía y el sentido biológico de la BioNeuroEmoción, me dijo: «Ahora entiendo la cantidad de cánceres de mama que tienen mis clientas cuando se separan. Es más, cuando firmamos los papeles les digo: "Ahora no me cojas un cáncer"».

La simple observación de mi abogada junto a la explicación de que algo está ocurriendo alrededor de su paciente, y su sentido común, hicieron el resto. Encajó las piezas y he aquí la conclusión que sacó: *el ambiente, las circunstancias, afectan a la salud del cuerpo*.

Como se comprenderá, decir que una separación matrimonial puede provocar un cáncer de mama es decir una solemne tontería. Ahora bien, decir que una situación estresante, como puede ser una separación matrimonial, provoca en ciertas personas situaciones emocionales que no pueden digerir, a las que no pueden o no saben adaptarse, ya no es una tontería.

Es el ambiente, sí, pero el ambiente no lo es todo, hay algo más y por ello conviene definir lo que entendemos por «ambiente».

El ambiente, o las influencias medioambientales, pueden ser la alimentación, el lugar donde vivimos, las costumbres de nuestros progenitores, etc., sin olvidarnos del estrés que conlleva este ambiente y, sobre todo, las emociones que genera en nosotros. Como vemos, el medioambiente es multifactorial.

Nosotros, en BioNeuroEmoción, estudiamos las emociones que nuestro cliente experimenta en un ambiente determinado, sa-

94 Ibid, pág. 69.

bedores de que la idiosincrasia de nuestro cliente determinará el síntoma físico o enfermedad.

En la situación que exponía antes sobre el cáncer de mama hay que considerar que ciertas mujeres experimentan otros síntomas, como he visto en mi práctica clínica. La misma situación les puede provocar un cáncer de ovarios, o un cáncer de intestino, a unas les afecta al pecho derecho y a otras les afecta al pecho izquierdo. Hay una tremenda sutilidad que hace que el síntoma físico se manifieste en un órgano o en otro. En primera instancia depende de cómo la persona viva la situación estresante, si la vive como si su pareja la abandonase, si la vive como si su pareja fuera como un hijo, si la vive como pérdida de macho y hay que buscarse a otro, si lo vive como una inmensa «marranada», etc. Toda esta complejidad la viene desarrollando la BioNeuroEmoción. Por eso nuestro trabajo es ir a buscar la emoción que yace oculta en el inconsciente, pero que se manifiesta como un grito en forma de enfermedad.

Además, estas emociones activan ciertos códigos establecidos a lo largo de la evolución, esto tiene que ver con algo que desarrollaremos más adelante y que se llama «sentido biológico».

Hablar del ambiente y no hablar de la Epigenética sería una injusticia. Los epigenetistas recuperaron una parte fundamental de la estructura del ADN. La mayoría de los científicos que estudiaban el ADN descartaron las proteínas, las proteínas cromosómicas. Estas proteínas tienen la finalidad de recubrir la cadena de aminoácidos que conforma la molécula helicoidal. Vendrían a ser como las fundas de los cables eléctricos. Por lo tanto estas fundas proteicas impiden que los genes puedan ser leídos.

Como ya se sabe, el ADN conforma el núcleo de los cromosomas y las proteínas los protegen.

¿Cómo se quita esta funda o parte de ella? Se necesita una señal y esta debe proceder del ambiente. Señal que al producirse instará a la «funda» a cambiar de forma y separarse de la doble hélice de ADN a fin de permitir la lectura.

En conclusión: «La actividad de los genes está controlada o regulada por la presencia o ausencia de las proteínas reguladoras, que a su vez están controladas por las señales del ambiente».[95]

La ciencia de la Epigenética ha dejado muy claro que hay dos mecanismos que conforman este ambiente: el medio y el comportamiento humano.

Como hemos dicho anteriormente, las experiencias vitales de los padres moldean a los hijos. Hay diversos experimentos que así lo demuestran y emplazo al lector a leer el libro de Lipton , *La biología de la creencia*, en sus páginas 96, 97 y 98.

Para terminar este punto transmitiremos lo que se nos dice en este libro de Lipton:

> *A pesar de que los medios de comunicación han pregonado a bombo y platillo el descubrimiento de los genes BRCA1 y BRCA2, relacionados con el cáncer de mama, no han hecho hincapié en que el 95% de los cánceres de mama no se deben a la herencia genética. Los achaques de un importante número de pacientes de cáncer derivan del entorno; se deben a alteraciones epigenéticas y no a genes defectuosos (Kling, 2003; Jones, 2001; Seppa, 2000; Baylin 1997).*[96]

Hola, proteínas

Sin las proteínas vivir sería totalmente imposible. Nuestras células están compuestas de azúcares, grasas, ADN y proteínas.

En nuestro cuerpo hay más de cien mil proteínas. Cada proteína está compuesta por moléculas de aminoácidos. Hay 20 aminoácidos que la célula utiliza. Las proteínas pueden tomar multitud de

---

95 Ibid, pág. 94.

96 Ibid, pág. 99.

formas gracias a la combinación de estos aminoácidos, permitiendo a la proteína retorcerse, plegarse, contraerse, etc. Esto lo pueden hacer las proteínas gracias a las cargas electromagnéticas que existen entre los aminoácidos enlazados. Y esto permite la vida.

> *En el año 2000, un artículo de V. Pophristic y L. Goodman publicado en la revista* Nature *revelaba que eran las leyes de la Física Cuántica, y no las de la newtoniana, las que controlan los movimientos moleculares que posibilitan la vida.*[97]

El biofísico F. Weinhold, al revisar este artículo de *Nature,* concluyó: «¿Cuándo serán los libros de texto de Química una ayuda en lugar de un estorbo para esta enriquecedora visión de la mecánica cuántica sobre los movimientos moleculares proteicos?». Y dijo aún más: «¿Cuáles son las fuerzas que controlan el giro y el plegamiento de las moléculas que adaptan formas complejas?». (Weinhold, 2001)

97 Ibid, pág. 148.

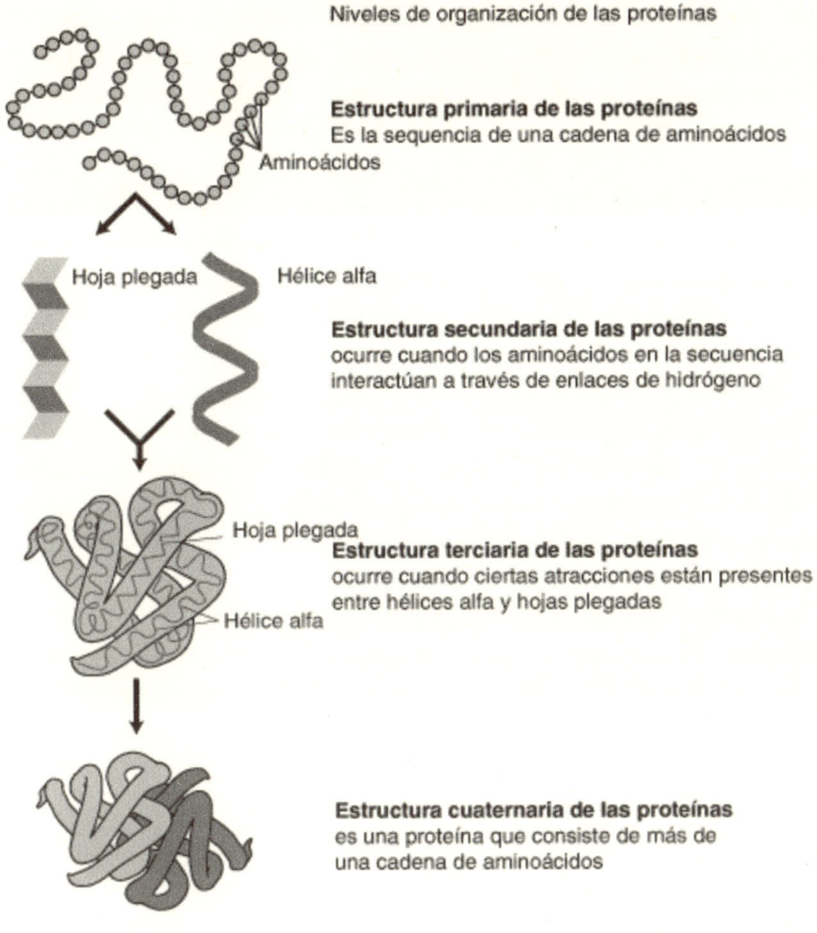

Figura 16. Estructuras de las proteínas y sus plegados. http://todoesteoria.blogspot.com/2010/04/proteinas-estructura-y-funcion.html

Las proteínas crean la vida. Gracias a ellas la célula puede moverse, respirar, nutrirse.

La distribución de las cargas electromagnéticas de una proteína puede alterarse de forma selectiva mediante un amplio número de procesos, entre los que se incluyen: la

unión con otras moléculas o grupos químicos, como las hormonas; la eliminación o adición enzimática de iones cargados; o la interferencia de campos electromagnéticos, como por ejemplo los teléfonos móviles. (Tsong, 1989).[98]

Las proteínas citoplasmáticas cooperan en las funciones fisiológicas llamadas «ciclos», entre ellos está el ciclo de la respiración, el de la digestión y el ciclo de Krebs, tan importante para la obtención de energía. De todo ello se desprende que la vida en la célula existe gracias al continuo cambio de forma, que puede ocurrir miles de veces por segundo.

El material hereditario está compuesto de proteínas y el ADN.

Hay un experimento llamado «enucleación» que consiste en sacar el núcleo de la célula. En contra de lo que se esperaba, la célula seguía viva y seguía realizando las mismas funciones vitales, hasta que al cabo de unos meses moría.

La muerte de la célula no se debe a que no pueda interrelacionarse con el entorno o realizar sus funciones, sino, simplemente, a que no puede fabricar proteínas y al no poder de esta manera reparase, muere de vieja.

Este experimento pone seriamente en duda que el cerebro de la célula sea el núcleo. ¿Será quizás las gónadas?

Hola, ADN

Las moléculas de ADN están formadas por cuatro bases llamadas adenina, timina, citosina y guanina, la secuencia que adoptan estás bases explican las secuencias de los aminoácidos. Estas largas cadenas de moléculas de ADN pueden subdividirse en genes individuales.

---

98 Ibid, pág. 76.

La genialidad de este sistema consiste en que la secuencia de las bases del ADN de una hebra es una imagen especular de la otra. Cuando se separan las dos cadenas de ADN cada una de ellas contiene la información necesaria para realizar una copia exacta y complementaria de sí misma. Se convierten en autoreplicantes.[99]

En esto se fundamenta el dogma central de Watson y Crick; ADN, ARN, Proteína y solamente en esta dirección. ¡El ADN lo controla todo! Incluso las proteínas que el cuerpo necesita, sin más.

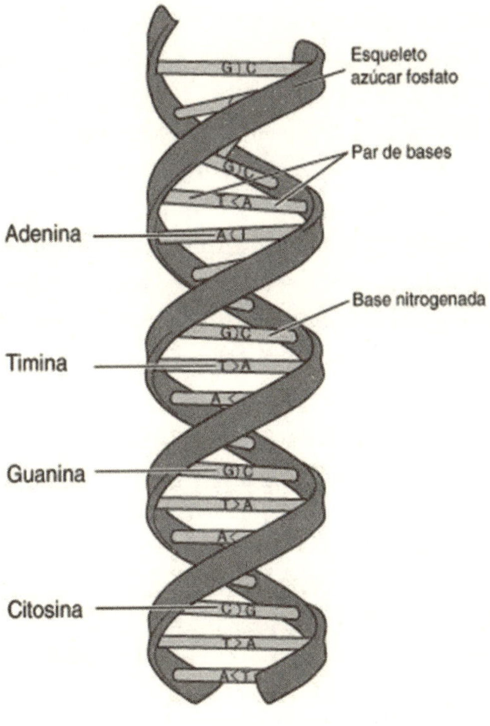

Figura 17. Estructura del ADN y la secuencia de sus bases. http://reconceptualizandolaexperiencia.wordpress.com/2009/12/22/74/.

99 Ibid, pág. 83.

El determinismo genético creía que un gen igual a una proteína y de aquí surgió el Proyecto Genoma, creyendo que iban a encontrar más de cien mil genes para poder explicar toda la complejidad del ser humano. Como ya hemos dicho anteriormente, solamente se encontraron unos 25000 genes en el ADN humano.

Estas son las palabras de David Baltimore, Premio Nobel de Fisiología o Medicina en 1975, sobre la complejidad humana:

> *A menos que el genoma humano contenga un montón de genes que resulten invisibles para nuestros ordenadores, es evidente que nuestra incuestionable complejidad no se basa en que tengamos más genes que los gusanos o las plantas. Comprender cuál es el origen de nuestra complejidad, de nuestro descomunal repertorio de comportamientos, de la capacidad de realizar acciones conscientes, de nuestra extraordinaria coordinación física, de la habilidad de realizar cambios precisos en respuesta a las variaciones del entorno, del aprendizaje, de la memoria —¿es necesario que continúe?— seguirá siendo un enigma por descubrir en el futuro. (Baltimore, 2001)*[100]

Nuevos experimentos científicos (Temin, Premio Nobel que descubrió la Transcriptasa Inversa) demuestran que la secuencia del ADN hasta la proteína es reversible, esto da paso que la célula puede responder a las señales medioambientales y transmitirle al núcleo la necesidad de fabricar tal o cual proteína para la adaptación.

Esto nos demuestra claramente que el núcleo son las gónadas de la célula, tal como indica Lipton en su libro *La biología de la creencia*.

---

100 Ibid, pág. 89.

Lipton nos ilumina en lo que él cree que es el cerebro de la célula, «la membrana celular», a la que él denomina «la membrana mágica».

La membrana tiene y realiza unos precisos mecanismos biológicos que le dan un protagonismo fundamental para la supervivencia.

Uno de los organismos más primitivos son las células procariotas, compuestas por una fina membrana y un poco de citoplasma, carecen de núcleo diferenciado. Pueden percibir dónde se encuentra la comida, reconocer toxinas y depredadores. Entonces la pregunta que surge es: «¿Dónde se estructura la inteligencia?». La única estructura debe de ser la membrana.

En cualquier libro de Biología podemos encontrar la estructura de la membrana. Hay una cadena de fosfolípidos cuya característica principal es que son hidrofóbicas sus colas y hidrofílicas sus cabezas (ver dibujo), formados por cadenas polares y no polares. Dentro de esta cadena se hallan incrustadas unas proteínas en forma de canal que permiten la entrada a las moléculas necesarias para el buen funcionamiento del citoplasma. Hay otras proteínas, las proteínas receptoras y las proteínas efectoras, llamadas «Proteínas Integrales de Membrana» (PIM). Las proteínas receptoras son los órganos sensoriales de la célula, ojos, nariz, gusto, etc. Su función principal es captar las señales extracelulares. Cuando captan una señal del medio extracelular se produce una alteración y la proteína toma otra forma. Hay varias especialistas, algunas son muy específicas y solo captan un tipo de señal, por ejemplo las hormonas.

> *Las «receptoras antena» también pueden percibir campos de energía ondulatoria, como la luz y las frecuencias de radio. (Tsong, 1989)*[101]

---

101 Ibid, pág. 112.

Lipton se atreve a decir que «El comportamiento biológico puede ser controlado por fuerzas invisibles, entre las que se incluyen los pensamientos, y también las moléculas físicas como la penicilina».

Luego están las proteínas efectoras, que están en contacto con el medio intracelular, son las que regulan el comportamiento celular. Hay mucha variedad. Emplazo al lector a repasar algún libro de Biología o a la lectura del libro del doctor Lipton.

Estas PIM producen señales que controlan la unión entre los cromosomas y las proteínas reguladoras, que se hace un poco de memoria, son las proteínas que recubren el ADN. Como se ve, son las proteínas efectoras las que regulan la lectura de los genes en función de la información que reciben de las proteínas receptoras. Hoy en día la ciencia está estudiando profundamente las PIM y su funcionamiento, así como su especialismo.

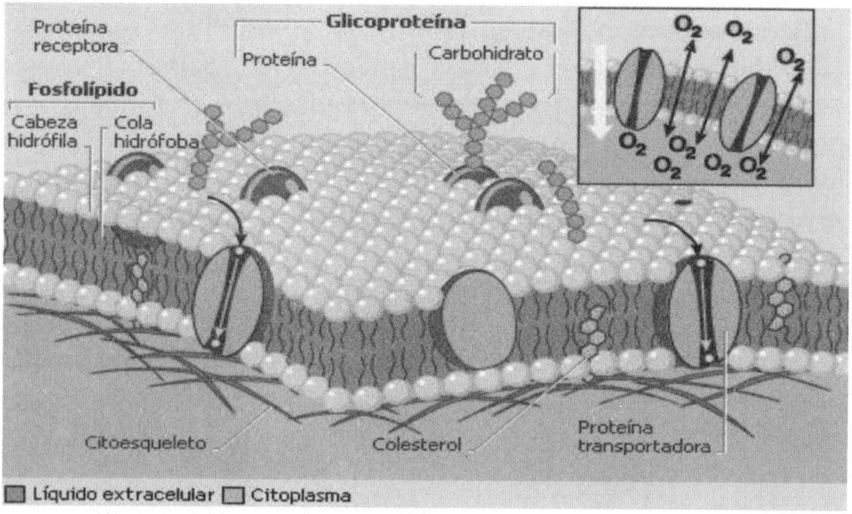

Figura 18. La membrana plasmática, la cadena de fosfolípidos y las proteínas que la conforman. Leoncio Calle Charaja, médico veterinario Ronxaldx-dcbc.

Lipton quería definir a la membrana. Había descubierto su importancia y era igualmente importante definir muy claramente su función.

Lipton, en su Epifanía, tomó conciencia de que la estructura de la membrana, la cadena fosfolipídica, por definición, una estructura cuyas moléculas están distribuidas según un patrón regular y repetido es un cristal. Si hay una estructura más fluida, entonces es un «cristal líquido». Entonces Lipton escribió: «La membrana es un cristal líquido».[102]

Además, como tiene canales de entrada y de salida, la membrana es un semiconductor.

Si buscamos la definición de chip, encontramos que «Un chip es un cristal semiconductor con entradas y canales».

Doce años más tarde, un centro de investigación australiano, dirigido por B. A. Cornell, publicó un artículo en la revista *Nature* confirmando la hipótesis de Lipton: la membrana es el homólogo de un chip de ordenador. (Cornell et ál., 1997).[103]

Ya tenemos la biocomputadora

La célula se comporta como un ordenador y por lo tanto puede ser programada y, mejor todavía, ser reprogramada. ¿Por quién puede ser reprogramada? La respuesta sale por sí misma: por el Observador.

El Observador percibe su entorno, él estimula señales, emocionales, que la parte del cerebro llamada «sistema límbico» procesa y transmite la información en forma de neurotransmisores y/u

102 Ibid , pág. 121.

103 http://www.neuralterapeuticum.com/neuralterapia/articulo.aspx?id=1134. 19-10-2011

hormonas, que a su vez son captadas por las proteínas receptoras de la membrana y estas a su vez dan la información a las proteínas receptoras, las cuales informan al núcleo y este da la proteína correspondiente y la célula da la respuesta al unísono con otras miles de células.

El Observador puede controlar su biología, puede controlar su destino.

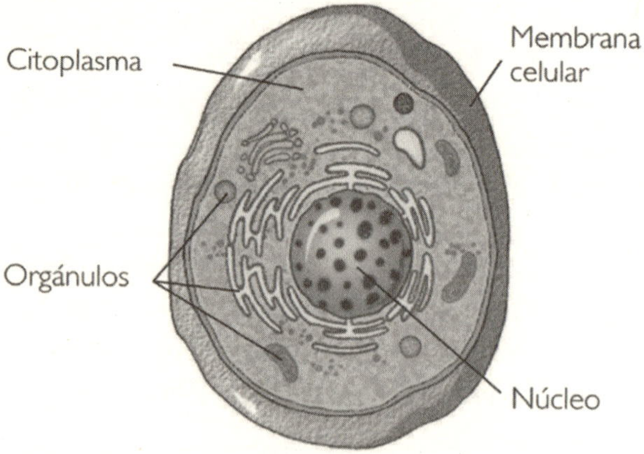

Figura 20. La célula como un microchip. Como un cristal semiconductor.
http://cl.kalipedia.com/ciencias-vida/tema/relacion-coordinacion/partes-celula-eucariota.html?x=20070417klpcnavid_20.Kes&ap=3

- Núcleo → Disco de memoria
- Proteínas receptoras → Teclado
- Proteínas efectoras → Unidad de procesamiento
- Citoplasma → Propiedades del cristal semiconductor

El sentido biológico

Nuestro cuerpo es biológico. Esto parece obvio, pero es probable que ignoremos qué sentido tiene. El desarrollo de nuestro cerebro, el lenguaje y la cultura nos han alejado de la naturaleza al creer que podemos gobernarla y modificarla según nuestros deseos, pero en realidad, como nos dice Lynn Margulis, la ilusión de considerarnos independientes de ella es un caso peligroso de ignorancia.[104]

El genetista Dobzhansky nos dice: «En biología nada tiene sentido si no es a la luz de la evolución».[105] Y la comprensión del hombre no escapa de esta propuesta. De los 3500 millones de años que la vida lleva existiendo en la Tierra, la Historia de la humanidad, desde el inicio del género Homo hasta la actualidad, apenas representa el 1% de todo este tiempo. Podemos creer que somos algo distinto o superior, pero lo cierto es que mantenemos con ella un intercambio de energía y de sustancias químicas imprescindibles para nuestra supervivencia (Margulis y Sagan, 2008).

Las investigaciones del psicólogo John Bargh han permitido probar que solo una parte ínfima de la estructura cerebral se ocupa del consciente aprendido. El resto se ocupa del inconsciente in-

---

104 Lynn Margulis y Dorion Sagan, *Microcosmos*, 3.ª edición, Editorial Tusquets, 1995.

105 Curtis, H., Barnes, N., Schnek, A., Massarini, A., *Biología* (7.ª edicion), Editorial Médica Panamericana, 2008, pág. 3.

tuitivo y emocional.[106] El 95% de nuestra vida está regida por el inconsciente, que se expresa biológicamente a través de la evolución. Cada célula, cada tejido y cada órgano de nuestro cuerpo aparecieron en un momento concreto, adaptándose a unas necesidades concretas y superponiendo unas estructuras sobre otras, de forma que en nosotros coexiste lo más arcaico con lo más moderno.

El sentido biológico es una noción que debemos al doctor Ryke Geerd Hamer. En sus investigaciones encontró que cada enfermedad se origina de una experiencia traumática inesperada y la define como «un programa especial con sentido biológico creado para ayudar al individuo en un periodo de estrés emocional y psicológico».[107]

El sentido biológico se puede definir como una adaptación del ser vivo a los cambios del entorno a lo largo de la evolución, entendiendo que el ser vivo está íntimamente ligado a su entorno: el ambiente propicia la aparición de la vida, la acción del ser vivo modifica el ambiente y este ambiente favorece la diversidad de formas de adaptación, como un todo unificado.

El origen de la vida: de la bacteria al ser humano

Existen varias teorías sobre el origen de la vida. Los científicos han acumulado gran cantidad de datos en esta búsqueda, pero lo fundamental todavía se desconoce. Todo lo que sabemos sobre ello se basa en los datos aportados por varias ciencias, mediante el estudio de los fósiles; el estudio de la composición y la estructura interna de la Tierra; el estudio de los seres vivos, su origen, su evo-

---

106 Punset, E. *Viaje al optimismo*. Editorial Destino, Barcelona, 2011, págs. 94-96.

107 Hamer, R. G. *La quinta Ley biológica , «la quinta esencia»*. Obtenido el 21 de noviembre de 2012 en http://www.germannewmedicine.ca/documents/quintaley/html.

lución y sus propiedades; la Astronomía; el estudio del espacio y el tiempo, la energía y la masa, así como las interacciones entre ellas.

Pero lo más importante es que la Tierra primitiva era el medio apropiado para la elaboración de la vida a partir de la materia inerte, ya que disponía del tiempo y la energía para que las combinaciones moleculares propias de la vida surgieran del medio ambiente. Durante los primeros dos mil millones de años sus únicos habitantes fueron exclusivamente las bacterias.[108]

Las bacterias

Estos organismos microscópicos tuvieron una influencia tan importante en la evolución que Lynn Margulis propone una división fundamental de los seres vivos en la Tierra, no ya en animales y plantas, sino en procariontes (organismos constituidos por células sin núcleo, es decir, las bacterias) y eucariontes (todas las demás formas de vida).

Las bacterias transformaron continuamente la superficie de la Tierra y la atmósfera. Fueron las inventoras, a escala reducida, de todos los sistemas químicos esenciales para la vida: el desarrollo de la fermentación, de la fotosíntesis, de la utilización del oxígeno en la respiración y de la fijación del nitrógeno en la atmósfera. Actualmente nuestro organismo contiene más bacterias que células nucleadas, con funciones tan importantes que no podríamos sobrevivir sin la ayuda de estos microorganismos.[109]

La vida evolucionó en el mar y permaneció allí la mayor parte de la historia de la Tierra. Las primeras bacterias eran anaeróbicas, ya que en el ambiente no había oxígeno. Respiraban en una atmósfera que contenía compuestos energéticos como el sulfuro

108 Margulis, L., Sagan, D., *Microcomos*. 3.ª edicion, Edit Tusquets, España, pág. 69.

109 Ibid, pág. 49.

de hidrógeno o el metano. Como producto residual, las bacterias anaeróbicas liberaban oxígeno al ambiente.

El oxígeno es un buen receptor de electrones y puede ser muy dañino para los organismos vivos. Cuando la concentración de oxígeno se fue acumulando en el mar, inicialmente fue neutralizado por los materiales presentes como el hierro, por ejemplo, que existía en el mar en grandes concentraciones y después se oxidó y precipitó. La evidencia de esto puede verse en las formaciones de capas de hierro depositadas en el fondo marino. Posteriormente, el oxígeno se fue liberando a la atmósfera.

A partir del oxígeno liberado a la atmósfera se formó la capa de ozono, que protegía a las células de la acción de los rayos ultravioletas del sol. Muchas especies de bacterias se envenenaron cuando el oxígeno alcanzó unas concentraciones lo suficientemente altas, mientras que otros linajes de bacterias desarrollaron la respiración de oxígeno.

Las células

Las primeras células nucleadas (células eucariontes) se formaron mediante una relación «endosimbiótica» entre diferentes tipos de bacterias, es decir, bacterias con funciones metabólicas distintas se asociaron en una vida de provecho común y crearon un nuevo organismo: la célula eucariota. Estos colectivos son los precursores de los animales y las plantas. La aparición de la célula eucariota fue uno de los saltos evolutivos más importantes, puesto que posibilitó la aparición de la gran variedad de especies que existen hoy en día.[110]

Los primeros animales pluricelulares aparecieron hace unos 700 millones de años. Animales marinos de cuerpo blando como medusas, gusanos o plumas de mar se han encontrado en forma de

---

110 Ibid, págs. 123-130.

fósiles en rocas de todo el mundo. Durante lo que se conoce como «la explosión cámbrica» (hace 570 millones de años) los mares fueron poblados por invertebrados, y eran numerosos los animales que desarrollaron un duro esqueleto externo a partir de depósitos de desechos celulares. Los más característicos eran los trilobites, de los que había una gran variedad.[111]

La aparición del sistema nervioso se produjo en paralelo a la organización multicelular. El verdadero cerebro de la célula es su membrana, porque es la que percibe los cambios en el ambiente y responde a ellos. Los animales pluricelulares más antiguos, como por ejemplo las medusas, no poseen sistema nervioso. Tienen su cuerpo rodeado por una capa más externa de células epiteliales capaces de reconocer estímulos ambientales. En el curso de la evolución, algunas células de este epitelio empiezan a desarrollar características que les permiten elaborar respuestas más rápidas, específicas y eficientes a los estímulos del ambiente, asumiendo el papel de neuronas.[112]

Estas neuronas tienden a acumularse formando ganglios, que se comunican entre sí a través de haces nerviosos. En los animales que crecen alargando su cuerpo, las neuronas agregan segmentos equivalentes de ganglios que se comunican entre sí y que se llaman «metámeras». En las metámeras más cercanas al rostro, los ganglios se ordenan formando los cerebros primitivos. Este es el sistema nervioso típico de los artrópodos (ciempiés y milpiés). En el ser humano, esta distribución se observa en el sistema nervioso autónomo o vegetativo, que recibe la información de las vísceras y del medio interno para actuar sobre el músculo liso (que forma las paredes de las vísceras), las glándulas y los vasos sanguíneos.

111 Campos, P. et ál., *Biología 1*, 1.ª ed., Editorial Vicens Vives, 2003, págs. 81 y 82.

112 Bustamante, E., *El sistema nervioso: desde la neurona hasta el cerebro humano*, Editorial Universidad de Antioquía, Medellín (Colombia), 2007, pág. 20.

Los primeros vertebrados

Los primeros vertebrados que evolucionaron fueron los agnatos o «peces sin mandíbula», cuyos restos se han encontrado en rocas de finales del Cámbrico, es decir, de hace unos 520 millones de años.[113] Las plantas evolucionaron a partir de las antiguas algas verdes e invadieron la Tierra hace 435 millones de años. Las primeras plantas terrestres eran parecidas al musgo y requerían ambientes húmedos para sobrevivir. Los musgos carecen de tejido vascular y se distribuyen por difusión. Las plantas vasculares, con raíz, tallo y hojas, evolucionaron a partir de los musgos y poco tiempo después los artrópodos siguieron a las plantas hacia la tierra.

En los vertebrados, los ganglios cerebrales primitivos experimentaron un gran desarrollo y tomaron el control sobre los sistemas ganglionares en un proceso que los biólogos llaman «encefalización». La parte más antigua del cerebro es el tronco cerebral, donde se encuentran las neuronas de la base de la vida, encargadas de las funciones vitales: respirar, comer, beber y reproducirse. Son las funciones que desarrollaron los peces. En el cerebro humano estas primeras funciones de supervivencia también se encuentran en el tronco cerebral.

Los anfibios

Los precursores de los anfibios fueron los peces pulmonados, un grupo de peces que pueden respirar el aire atmosférico. Los fósiles más antiguos proceden de rocas de hace unos 395 millones de años. Los anfibios evolucionaron y se diversificaron hace unos 345 millones de años, posiblemente por la existencia de extensas zo-

---

113 Curtis, H. et ál., *Biología*, 7.ª ed., sección 5, Editorial Panamericana, 2008, págs. 582-583.

nas pantanosas, vegetación exuberante y climas suaves. El paisaje estaba dominado por helechos gigantes arborescentes que dieron lugar a la formación de grandes yacimientos de carbón.

Los anfibios representan el paso del medio acuático al terrestre (la palabra *anphibia* viene del griego y significa 'que vive en dos medios diferentes'). Para adaptarse a la vida fuera del agua tuvieron que desarrollar nuevas capacidades: una piel más gruesa para protegerse, además de nuevas formas de comer y digerir.

El sistema nervioso de los anfibios es más desarrollado que el de los peces, ya que está formado por un cerebro anterior pequeño, un cerebelo poco desarrollado y un bulbo raquídeo. La parte más importante es el mesencéfalo, del que destaca el desarrollo de los lóbulos ópticos. También desarrollaron la glándula tiroides: las hormonas tiroideas tienen una importante función en su metamorfosis.

Los reptiles

Los reptiles aparecen a partir de un grupo de anfibios. Con ellos, los vertebrados conquistan el medio terrestre. Los dinosaurios evolucionaron y se diversificaron hace 230 millones de años a partir de los reptiles arcosaurios, cuyo pariente más cercano es el cocodrilo. Dominaron todos los ecosistemas terrestres durante 160 millones de años. Han aparecido restos en todos los continentes y se extinguieron hace 65 millones de años.

Una modificación que pudo ser clave para su éxito fue el desarrollo de una postura erecta que les permitía una locomoción continuada. Los anfibios y los reptiles tienen una postura acostada y caminan con un patrón de ondulaciones porque sus patas son modificaciones de aletas y su forma de moverse una modificación del movimiento de natación de los peces.

Los animales con una postura acostada no pueden sostener una locomoción continuada porque no pueden respirar mientras se mueven: el movimiento de ondulación comprime la cavidad torácica y tienen que detenerse cada pocos pasos.

Los reptiles poseen un desarrollo mayor del cerebro y el cerebelo que los anfibios, ya que desarrollan una pequeña zona de córtex asociado únicamente al olfato. Esta zona ordena la supervivencia sin interacción emocional ni capacidad para la conciencia. Es lo que llamamos «cerebro arcaico» o «reptiliano». [114-115-116]

Los mamíferos y las aves

Los mamíferos y las aves evolucionaron a partir de diferentes grupos de reptiles. Los primeros mamíferos eran de pequeño tamaño y a partir de la desaparición de los grandes reptiles se fueron diferenciando y especializando, conquistando todos los medios.

Los mamíferos primitivos desarrollan el cerebro límbico, situado en la base del cerebro y formado por varias estructuras que sustentan y gestionan la capacidad emocional como respuesta a estímulos subjetivos básicos. En él se da respuesta a sensaciones como la ira, el miedo, el sexo, así como el olfato, el hambre, la sed, el afecto hacia las crías y la tendencia a vincularse con los congéneres. Los mamíferos pequeños tienen muy desarrolladas las áreas correspondientes al olfato, la sensibilidad, la motricidad y la visión. Al diversificarse los mamíferos apareció el neocórtex como una lámina que recubre las estructuras anteriores. Progresivamente, los mamíferos superiores desarrollan otras capacidades

---

114 Bustamante, E., *El sistema nervioso: desde la neurona hasta el cerebro humano*. Editorial Universidad de Antioquía, Medellín (Colombia), 2007, págs. 27-30.

115 Turbón, D., *La evolución humana*. Editorial Ariel, Barcelona, págs. 59-72.

116 Audesirk, T., Audesirk, G., Byers B. E. *Biología: la vida en la Tierra*, 8.ª ed., Editorial Pearson Educación, 2008, cap. 17, págs 330-344.

al adaptarse a nuevos entornos. Por eso hubo un aumento de las regiones no olfativas del cerebro y de los lóbulos frontales.[117-118]

El ser humano

Las estructuras cerebrales se relacionan con la adaptación de cada ser vivo con su entorno. Según se use más el olfato, la visión, el tacto o la audición hay un mayor desarrollo de las áreas correspondientes. En el ser humano, por ejemplo, las áreas parietales relacionadas con la orientación espacial, las áreas ideo-motoras y las áreas temporales relacionadas con el lenguaje son las estructuras más desarrolladas.

Debido a la extraordinaria antigüedad de los fósiles encontrados hasta ahora en la zona de la Gran Falla oriental de África, esta zona es considerada como la cuna de los antepasados del ser humano. En la evolución del ser humano destacan dos factores: la expansión del cerebro y la marcha bípeda. Los hallazgos fósiles de los primeros homínidos demuestran que la marcha bípeda es anterior al desarrollo del cráneo.

La marcha erguida o bípeda es una aptitud característica del género Homo, algo que nos diferencia de los primates (aunque algunos pueden desenvolverse bípedamente, no pueden hacerlo de forma continuada). La marcha bípeda conlleva una serie de cambios anatómicos estrechamente relacionados que básicamente son:

- La columna vertebral pasa de ser completamente recta a tener tres curvaturas en forma de S para que el peso se pueda mantener sobre la pelvis.

---

117 Audesirk, T., Audesirk, G., Byers B. E. *Biología: la vida en la Tierra*, 8.ª ed., Editorial Pearson Educación, México, 2008, cap. 17, págs 330-344.

118 Bustamante, E., *El sistema nervioso: desde la neurona hasta el cerebro humano*, Editorial Universidad de Antioquía, Medellín (Colombia), 2007, págs. 27-30.

- Las extremidades inferiores son más largas, con la modificación de la articulación de la rodilla para su extensión. La planta del pie se arquea para distribuir el peso de manera más uniforme, y el dedo gordo, de mayor tamaño, es paralelo al resto.
- El cráneo pasa a insertarse en la columna por la parte inferior, lo que nos permite una buena articulación de las cuerdas vocales.
- Para suavizar la presión del peso del cuerpo sobre la pelvis, esta se hace más corta y ancha y se rodea de un grupo muscular más específico. Este cambio ha causado dificultades a la mujer durante el parto, por lo que probablemente la adaptación a la marcha bípeda evolucionó de forma distinta, ya que durante un tiempo tuvieron que lidiar entre la capacidad de huida y el embarazo.

Este proceso se inició posiblemente para adaptarse a los cambios en el ecosistema provocados por la actividad tectónica y los cambios climáticos ocurridos en el Mioceno, que comprende un periodo desde hace 25 hasta 6 millones de años. Hubo un momento, a finales de este periodo, en que existe una clara reducción y aislamiento de los bosques y una expansión de los espacios de sabana.

En un espacio abierto, sin árboles, ir erguido facilita la visión de los depredadores por encima de la hierba, y al mismo tiempo no se pierde la capacidad de subir a los árboles para escapar. La marcha bípeda permite invertir menos esfuerzo en el desplazamiento que la marcha cuadrúpeda. Además, libera las manos para funciones distintas a la locomoción, como la recolección, el lanzamiento de piedras o la manipulación y fabricación de utensilios para cazar y defenderse. [119-120-121]

La vida en la sabana comportó el cambio de una dieta a base de hojas y frutas a un tipo de alimentación más rica en proteínas. Este hecho permitió que se fuese reduciendo el aparato digestivo y parte de la energía del metabolismo se emplease en otros órganos. Uno de estos órganos fue, sin duda, el cerebro, pues existe una relación entre el volumen cerebral y la dieta omnívora.

La gran ventaja del género Homo es el cerebro. Su desarrollo permitió analizar situaciones, recordar comportamientos, intuir y mejorar la comunicación para prever los ataques de depredadores, tan peligrosos en campo abierto. El crecimiento del encéfalo permitió la complejidad del pensamiento simbólico, la orientación espacial y el desarrollo de la capacidad comunicativa relacionando objetos con sonidos, que culmina con el lenguaje articulado.

Hay un aspecto importante en el origen del comportamiento humano. El tamaño del cerebro es mayor que el de otros primates en el momento del parto, pero su tamaño relativo al nacer es muy pequeño en relación al que tendrá en la edad adulta. Por ejemplo, en un chimpancé recién nacido el tamaño es de un 60% respecto al que tendrá de adulto. En el ser humano es actualmente del 26%. Si se hubiera mantenido la misma proporción, en el momento de nacer habría sido increíblemente grande.

La marcha bípeda comporta una pelvis más baja. Este hecho, para la mujer, supone un estrechamiento del canal del parto, lo que no es compatible con el crecimiento de la cabeza del feto en el

---

119 Gómez Castanedo, A. *África, hominidos y el origen del linaje humano.* Obtenido el 29 dic del 2012 en http:// www.academia.edu/1219894/Africa_ hominidos _y_el_origen_del_linaje_humano.

120 Bueno, A., *Historia del Bipedismo*, http://www.hablandodeciencia.com/articulos/2012/01/13/historia-del-bipedismo/.

121 Turbón, D., *La evolución humana*, Editorial Ariel, Barcelona, 2006, págs. 46-54.

seno materno. Por lo tanto, hay un retraso en el desarrollo cerebral de la cría, lo que la hace particularmente inmadura y vulnerable. Dada la imposibilidad de que la hembra pudiera transportar a sus crías durante la caza y la debilidad de estas al nacer, parece claro que se adopta la estrategia de incorporar al macho en el cuidado de las crías.[122]

Progresivamente debieron darse varios factores para favorecer esta adaptación. Por ejemplo, la división de las tareas: las hembras se quedan junto a las crías en lugares seguros, dedicándose a labores de recolección, mientras los machos adultos son cazadores.[123] En un documental que dieron en televisión, se mostraba un mercado de Tanzania donde había una clara división entre los productos que vendían los hombres (carnes y pescados) y los que vendían las mujeres (productos de la agricultura y la recolección).

Otro factor estratégico fue la capacidad de la hembra para copular durante todo el año, con lo que se estimulaba el regreso de los machos. Parece claro que los machos no tenían sentido de la paternidad sino por la atracción de la sexualidad casi continua de la hembra. Este cambio, posiblemente originó la cohesión entre individuos nacidos en el seno de un grupo, el instinto de posesión de la hembra hacia sus crías, del macho hacia su hembra e incluso el instinto de propiedad de los objetos. La posibilidad de supervivencia del individuo es mayor dentro de un grupo social, lo que condujo a una mayor implicación entre los progenitores hacia sus crías, una mayor complejidad en las interacciones entre individuos y un mayor tiempo de aprendizaje de los recién nacidos.

Si el linaje humano no se extinguió debido al cambio climático, sino que se expandió por toda la geografía, es porque se debieron dar altas tasas de cohesión en el grupo, que estaba unido por segu-

---

122 Turbón, D., *La evolución humana,* pág. 168-175. Editorial Ariel, Barcelona, 2006.

123 Sierra, E., *Hipótesis*, 1.ª ed., págs. 36-41. Editorial Cultivalibros, Madrid, 2009.

ridad, división del trabajo y sexualidad placentera. Esto se refleja en nuestro sistema límbico, en el que hay un aumento del tamaño de la amígdala para las experiencias placenteras y gratificantes, mientras que en los núcleos relacionados con la ira y la agresión hay una ligera disminución si los comparamos con otros primates.[124]

Todo lo que hemos dicho hasta ahora es un pequeño resumen de la filogénesis, es decir, el nacimiento, el desarrollo y la transformación evolutiva de nuestra especie a lo largo de la historia. Antes hemos mencionado que en nosotros coexiste lo más arcaico con lo más moderno: cada tejido y cada órgano se ha formado para responder a los desafíos del entorno y se expresa en nuestra biología desde el momento de la formación del embrión. Durante el desarrollo embrionario, el feto que está creciendo pasa a una velocidad muy acelerada por todas las etapas de la evolución, desde el organismo unicelular hasta el ser humano.

La finalidad básica de la biología es sobrevivir. Para sobrevivir hay que adaptarse a un entorno y mantener un equilibrio en él. Inicialmente la vida empieza en el mar y las necesidades básicas son alimentarse y reproducirse. Cuando se sale a un medio terrestre, las necesidades cambian, la temperatura del aire es diferente si es de día o de noche, el agua ya no rodea el cuerpo y la tierra y las rocas pueden causar heridas. Es necesario crear tejidos que protejan la integridad del cuerpo y que mantengan la temperatura.

Lo mismo ocurre cuando es necesario desplazarse durante horas o días para buscar alimento. Se requiere una estructura que sea capaz de contrarrestar la fuerza de la gravedad, además de desarrollar la capacidad de orientación en el espacio para encontrar un lugar donde beber o para atravesar grandes llanuras en busca de pasto, el camino de vuelta al nido o la cueva. Muchas formas de supervivencia se organizan formando manadas o grupos sociales

---

124 Turbón, D., *La evolución humana*. Editorial Ariel, Barcelona, 2006, págs. 168-175.

que establecen normas de conducta para garantizar la supervivencia de la especie.[125]

Todas estas necesidades se reflejan en los diferentes órganos y tejidos de nuestro cuerpo, tanto las necesidades básicas para la supervivencia (respirar, comer, beber y reproducirse) como la necesidad de protegernos, de desplazarnos o de relacionarnos socialmente. Como seres humanos, lo que ha cambiado respecto a vivir en la sabana y protegernos en una cueva es la apariencia del depredador. En la sabana podía ser el león o el tigre. Ahora es la hipoteca, la falta de trabajo, los problemas familiares o nuestras relaciones de pareja. Nuestro cerebro y la forma de responder a estos retos se han creado a través de la evolución.

Esto ha sido demostrado por el doctor Ryke Geerd Hamer. En sus investigaciones descubrió que una situación repentina vivida como un impacto emocional no afecta solamente al psiquismo sino que también afecta a la parte del cerebro que corresponde biológicamente al impacto específico y es visible en un escáner cerebral,[126] tal como comenta Carolina Markolinn en su página web sobre la Nueva Medicina Germánica.

Bien, ¿y cómo afecta todo esto a nuestras vidas?

Numerosos estudios demuestran que nuestro cerebro no distingue lo real de lo virtual. Podemos comparar el recorrido de un alimento (atrapar, masticar, tragar, digerir, asimilar y eliminar) con el de una información (escuchar, darle vueltas, aceptar, asimilar y olvidar). Lo que no podemos eliminar u olvidar es un bocado o una información recibida con emoción. Recordamos fácilmente una comida estupenda, igual que otra absolutamente nefasta. Lo

---

125 Audesirk, T., Audesirk, G., Byers B. E. *Biología: la vida en la Tierra*, 8.ª ed., cap, 17, págs. 346-353. Editorial Pearson Educación, México, 2008.

126 Markolin, C. (n.d) Nueva medicina germánica. Obtenido en http://www.bibliotecapleyades.net/salud_germannewmedicenesp01.htm, págs. 2 y siguientes. consulta 29 de diciembre de 2012.

mismo ocurre con una información, como la bronca del jefe o una declaración de amor.

Los humanos tenemos la capacidad de asociar un concepto a un sonido (como hacemos con el lenguaje) sin pasar por el sistema límbico, que es la parte del cerebro que gestiona las emociones. Pero aquello que nos queda grabado, que nos afecta o que es vital para nuestra supervivencia pasa por el sistema límbico y es automáticamente gestionado por nuestra biología.

Cualquier síntoma o enfermedad tiene una intención, una función y una finalidad, responde a unas circunstancias determinadas y se manifiesta a partir de una emoción. Cuando aparece un síntoma o una enfermedad, nuestro cuerpo nos está indicando cómo nos estamos adaptando a una situación y nos invita a cambiar algo en nuestras vidas. La BioNeuroEmoción tiene como misión encontrar precisamente eso: lo que se tiene que cambiar para que un síntoma o una enfermedad no se manifiesten más.

Cuando nuestro cuerpo manifiesta un síntoma, tanto si es un ligero malestar como si es una enfermedad grave, este síntoma es una adaptación de nuestro cuerpo a una situación que hemos vivido con una emoción que no hemos podido expresar.

Cada tejido, cada órgano y cada sistema del cuerpo tienen una función específica. Por ejemplo, la función del pulmón es intercambiar el oxígeno del aire para suministrar energía a las células, y eliminar el anhídrido carbónico como producto residual de su actividad. La respiración es una función vital y la realiza una parte del tejido pulmonar, el alveolo. Además de este tejido específico de intercambio, el sistema respiratorio está formado por la nariz, la faringe, la laringe, la tráquea, los bronquios y los bronquiolos. Y cada parte tiene una función concreta.

Así, una de las funciones de la nariz es filtrar el aire. La laringe, con las cuerdas vocales, permite emitir sonidos gracias al paso del aire. La tráquea, los bronquios y los bronquiolos son los conductos por los que pasa el aire, nuestro espacio vital, nuestro «territorio vital».

Hemos aprendido a creer que la causa de un síntoma es completamente externa a nosotros. Por ejemplo, siempre hemos creído que un resfriado común se manifiesta por culpa de haber estado expuestos al frío o porque alguien cercano nos lo ha contagiado. Si comprendemos que nuestro cerebro responde tanto a un ambiente real como virtual, podemos observar los síntomas de «una discusión que me ha enfriado» o una situación que «huele mal», en el hecho de que se congestiona la nariz. «Me duele la garganta porque no pude decir palabras o las dije y dolieron». O bien una situación «invade mi territorio» y se me inflaman los bronquios.

Lo mismo podemos aplicarlo a todos los sistemas. Una molestia o un problema digestivo puede deberse a «situaciones indigestas». Una colitis a «me han hecho una guarrada». Un problema en el hígado puede ser una situación de «carencia». Todas las situaciones vividas con un impacto emocional que somos incapaces de gestionar tienen una resonancia en nuestro cuerpo, y el síntoma con el que este responde es la «solución» que propone la biología.

Podríamos poner infinidad de ejemplos, pero cada adaptación responderá a cómo hemos vivido subjetivamente una situación: un ataque a nuestra supervivencia o a nuestra integridad, o bien que nos hemos sentido impotentes, desvalorizados, invadidos o amenazados en nuestro territorio.

Nuestras experiencias tienen relación con nuestra forma de ver y entender la vida, con el aprendizaje y la educación en una familia y en un clan. Podemos vernos a nosot ros mismos como seres frágiles, impotentes y vulnerables, creyendo que no podemos hacer nada ante los acontecimientos de nuestra vida. O bien darnos cuenta de que somos el Observador y recuperar la gestión de nuestras vidas. Un síntoma tiene un sentido biológico, una coherencia, una intención positiva: permite ver cómo se manifiesta el inconsciente. Cada persona tiene una relación particular con el mundo.

Quisiera recordar, para terminar, unas frases de Epicteto de Frígia, filósofo griego (55-135 d C): «El mundo no tiene sentido en sí mismo, tiene el sentido que le damos. Cada uno de nosotros somos responsables del sentido que le damos a los sucesos. Hay que dejar de ser víctimas. Hay que dejar de acusar al otro».

Las creencias

Muchos de mis lectores ya me conocen por una serie de videos que están «colgados» en Internet. Es más, gracias a este medio de difusión soy mucho más conocido, y la prueba de ello es que recibimos decenas de correos diarios, cosa que ha cambiado nuestra forma de vivir.

Todo empezó en julio de 2011, durante un seminario se me pidió si lo podían grabar. Estuve plenamente de acuerdo porque simplemente pienso que la información debe llegar a todas partes y pertenece a la humanidad. Mi comentario fue: «Claro que sí, pero, la verdad, ¿quién se va a mirar estos videos?».

Mi creencia era que lo que yo estaba explicando en mis seminarios —que, por cierto, estaban llenos— solamente interesaba a una minoría y que lo que decía en ellos ¡no era tan difícil buscarlo y encontrarlo si te interesaba!

Resultó que yo era y soy mejor comunicador de lo que realmente creía. Ya me lo decían, y aunque me lo creía, no me lo creía bastante. Hoy en día puedo decir que me conocen decenas de miles de personas, y si voy algún país, me esperan centenares de personas.

Esta obviedad choca frontalmente con la creencia y percepción de mi alcance para comunicar. Esto está cambiando mi vida y ahora me planteo hacer las cosas un poco más a lo grande. De todas maneras, yo sigo viviendo como siempre y es amar aquello que estoy haciendo con toda mi alma y todo mi corazón. ¡Quizás este sea el gran secreto!

He seleccionado un correo sencillo, escueto, simple y a la vez contundente:

> *Comentario: Gracias por sus enseñanzas. Desde los primeros días soy otra persona (mi mujer lo confirma). Me estoy ahorrando kilos y kilos de sufrimiento. Vivo, soy feliz. Mis dolores desaparecen o enmudecen, ¡Ah! Y el sexo es abundante y de altísima calidad. Sigo tomando conciencia y aprendiendo, y ahora sé que no es un simple cambio de mi estado de ánimo. Reciba muchas bendiciones.*

Hay otros correos con comentarios muy diferentes, correos que me dicen: «Gracias por los videos, por fin he encontrado quién me puede ayudar». Correos que me suplican que vaya a tal o cual sitio. Gente que me paga lo que haga falta con la condición de que los atienda aunque no tengan dinero. Gente que llena una página explicándome todas las desgracias de su vida, como si yo no tuviera otra cosa que hacer que contestarlos a sabiendas de que no iba servir de nada, porque una pregunta tiene una respuesta y esta otra una pregunta y así hasta el infinito. Son correos de personas que no perciben el mensaje que les envío en los videos. En estos se enseña, sobre todo y por encima de todo, a no depender de nadie y a encontrar las soluciones por uno mismo, a moverse, a tomar decisiones, a cuestionarse su verdad, etc.

Hay correos de gente que se ofrece a iluminar mi camino, y si no les hago caso se enfadan y me amenazan; algunos simplemente me insultan; otros me dan consejos sobre lo que dije o deje de decir... en fin, «de todo hay en la viña del Señor».

He explicado todo esto como introducción a mi posterior exposición de cómo las creencias conducen y dirigen nuestras vidas hacia lugares que no creemos que podemos evitar. Frases como, *éste es mi destino, qué le voy hacer yo si soy como soy, yo no sirvo para esto, no soporto las fiestas, odio a los niños, no quiero ser mamá ni por recomendación del médico, etc.,* forman parte del elenco de creencias y de la forma de vivir de muchas personas. No digo todas, más bien digo que algunas de ellas, pero lo cierto es que la mayoría de los lectores han oído algunas, seguro que sí.

La gente recibe el mensaje, los videos son iguales para todo el mundo, pero toman un significado muy diferente según la persona. Entonces agradecemos o maldecimos a los videos, cuando en realidad tendríamos que agradecernos o maldecirnos a nosotros mismos. Porque simplemente somos el observador (en letra minúscula), porque todavía no somos conscientes de que el Observador sabe que lo que ve depende de él y no de las circunstancias. Él es un ser autoconsciente, y por lo tanto despierto, no culpa a nadie, sabe que lo que le ocurre tiene que ver con su percepción y sobre todo sabe que su percepción esta guiada por sus creencias. Entonces empieza a ser libre. Aquí reside la tan cacareada libertad o el libre albedrío.

Vamos a centrar todo esto

1 **Las creencias limitadoras.** Una mujer puede tener dificultades para perder peso porque cree que si lo pierde los hombres pueden sentirse atraídos sexualmente hacia ella. Como vemos en este simple ejemplo, detrás hay toda una serie de creencias limitantes que muy probablemente tengan que ver con aprendizajes de su madre, o quizás de que el sexo es malo, o sucio, o solamente hay que hacerlo para tener hijos... en fin, podríamos seguir y seguir.
Todas las personas queremos cambiar, mejorar, curarnos, pero algunas lo consiguen y otras no. Simplemente hay una creencia limitante que hay que encontrar. Una muy importante es que «no queremos cambiar», muchas veces por bloqueos que nosotros llamamos «fidelidad familiar». Otra limitación es que la persona se ve incapaz de imaginarse el cambio en ella misma, le llamamos «fidelidad a una identidad». Hay otra, no menos importante, y es la de darse la

oportunidad de cambiar, le llamamos «fidelidad a mi imagen». Una de las creencias que ha mucha gente le impide hacer dieta para adelgazar es tan simple como «si hago dieta pierdo el disfrute de la vida» (la famosa creencia de que todo lo que es bueno te mata o te engorda).

Repito, todas estas creencias limitantes se encuentran en nuestro inconsciente. En el próximo capítulo hablaremos del Inconsciente Biológico (IB).

2 **Las incongruencias.** Lo que nosotros llamamos falta de coherencia entre lo que pensamos y lo que hacemos. Aquí hay un mundo. ¿Cuántas cosas hacemos que no queremos hacer y que *creemos* que tenemos que hacer?

Por ejemplo, nosotros sabemos que detrás del hábito de fumar en muchas personas hay un problema de falta de espacio en sus relaciones personales o de trabajo. Por eso, si la persona quiere dejar de fumar debe estar en coherencia con su inconsciente, porque este le está impidiendo dejar de fumar. Tendrá que ser consciente de sus problemas en las relaciones, tomar soluciones, pasar a la acción... y, como es normal, todo ello conlleva un cambio de creencias. Frases como *no quiero hacer daño a nadie, no quiero que se molesten, si tomo mi espacio me dejara de querer, si paso a la acción igual me quedo sola, es mi madre y debo cuidarla, es que me dan mucha pena, es que lo conozco de toda la vida...* en fin, para qué seguir.

3 **Las creencias «no puedo».** Estas creencias hay que tratarlas casi siempre por la técnica del Transgeneracional, que consiste en el estudio del árbol genealógico de la persona.

4 **Las creencias se retroalimentan a sí mismas.** Esto consiste en buscar la confirmación de aquello que yo creo que es posible o no es posible. Buscamos a personas que confirmen y apoyen, si puede ser, nuestras creencias. La famosa frase que utilizamos muchas veces «Dios los crea y ellos se juntan». Este es uno de los obstáculos más importantes para el cambio de creencias. A lo largo del libro hemos expuesto mu-

chas creencias de este tipo, una de ellas es el determinismo newtoniano. Otra no menos importante es que la Biología en general, y muchos biólogos en particular, ven al cuerpo como una máquina y el concepto de que la mente interacciona con él, se han dado cuenta de que es así, no lo consideran o lo ven como una excepción y lo descartan. Siguen la premisa «Lo que no se ve, no existe». Tengo un amigo que es Dr. En Biología, que me dijo hace años: «Cuanto más estudio a los microorganismos por el microscópico, más creo en Dios. Es más, tengo la sensación de que lo veo en estos bichitos».

5 **Creer que sabes por qué te ocurre algo.** Es una de las creencias que más obstaculizan la terapia. La persona tiene su historia sobre lo que le ocurre y por qué le ocurre y no se da cuenta de que si esa historia fuese la auténtica historia no estaría delante de un especialista en BNE. Por eso nuestro trabajo es ir a buscar la «historia que está detrás de la historia». Esta historia, por descontado, se encuentra en el inconsciente. Muchas historias que cuenta la persona son «cortinas de humo», una terminología que se emplea mucho en la Programación Neurolingüística (PNL). La persona cuenta historias, y aunque el especialista en BNE le demuestra que hay otras cosas, ella sigue con su creencia.

6 **Los valores.** Son la fuente primaria de motivación en las vidas de las personas, son ejemplos de lo que es la experiencia subjetiva (percepción). Los valores se expresan lingüísticamente como nominalizaciones, por lo que son abstractos universales: el amor, la paz, el bienestar, la satisfacción, la tranquilidad, etc. Son estados que deseamos alcanzar y que subyacen detrás de cualquier comportamien o, acción, habilidad que desarrollemos o creencia. Actualmente, un recurso que vengo empleando en mi vida cuando se me presenta una situación de dificultad, consiste en preguntarme: «¿Vale la pena ponerse enfermo por esto? ¿Qué beneficio consigo con mi síntoma que hace que este se mantenga?».

Cómo encontrar creencias limitadoras

Robert Diltz nos explica lo siguiente: «A menudo se pueden encontrar creencias limitadoras mediante el trabajo con las cortinas de humo. Cuando se llega al punto muerto, pueden dar respuestas como: "No lo sé..." o "Lo siento, pero me he quedado en blanco", o "Esto es una locura, no tiene ningún sentido". Paradójicamente, esa es la clase de respuestas que el especialista en BNE debe buscar, porque le indican que está a punto de sacar a la luz la creencia limitadora.[127] En consulta de BNE utilizo mucho una estrategia para encontrar la creencia limitadora, le hago a mi cliente preguntas del tipo: ¿Qué pasaría si usted se divorciara?, ¿qué pasaría si no lo hiciera?, ¿usted piensa envejecer o se ve envejeciendo con esa persona?, ¿qué o quién le impide hacerlo?, ¿qué pasaría si dijera que no?, etc.

La impronta

En PNL se utiliza muchísimo este concepto. La impronta tiene un sinónimo en BioNeuroEmoción, el «conflicto programante». Como indica la palabra, se programa una creencia después de vivir un acontecimiento muy estresante. Ese acontecimiento forma una creencia o un conjunto de ellas.

Muchas improntas o conflictos programantes se realizan a edades muy tempranas, cuando nuestro cerebro todavía no ha creado las conexiones neuronales. Nosotros decimos que hay programas estructurados, que son aquellos que se instalan a edades muy tempranas, normalmente antes de los tres años. Ya se sabe que a partir de esa edad estamos neurológicamente formados.

Podemos, por ejemplo, tener fobia a estar en sitios cerrados, valga como ejemplo una experiencia clínica nuestra, la de una persona

---

127 Robert Dilts, *Las creencias*, Ediciones Urano, 1996, págs. 41 y 42.

con mucho miedo (fobia) a los espacios cerrados, y su programante estructurante (impronta) se conforma cuando la persona era un feto y su madre quería abortar. Su creencia inconsciente era: «Estar encerrado en un sitio del que no pueda salir es peligroso».

Hemos visto muchos casos, en nuestra clínica diría, de mujeres que no han sido deseadas y/o han sido maltratadas por su madre y buscan hombres que las maltraten; hombres que solamente saben gritar, porque sus padres siempre les chillaban cuando eran pequeños; personas que cometen incestos con sus hijos porque ellos sufrieron incesto. Tenemos una experiencia clínica sobrecogedora. Simplificaré la historia, aunque parezca increíble, así es:

> *Es una paciente joven y me indica que su problema es la ninfomanía. Me cuenta que sufrió abusos por parte de su padre y de su hermano. Sigue contando que se casa con un hombre que sufrió abusos por parte de su padre. Pero la historia no termina ahí, su padre fue abusado por el suyo, su madre por su padre, el padre y la madre de su marido lo mismo. Ella estaba convencida de que el abuso sexual entre padres e hijos (incesto) era la cosa más normal y común en el mundo. Fue a raíz de un seminario mío cuando se dio cuenta de que esto no era lo que sucedía comúnmente en las demás personas. Ella tenía la sexualidad muy despierta desde muy joven y esa fue una de las razones por las que vino a nuestra consulta y el recurso que ella encontró fue el de dedicarse a la sexualidad como prostituta comprendiendo que lo suyo no era un problema y que su juicio de la situación sí que lo era.*

La metáfora

La empleamos mucho en consulta cuando la persona se encuentra en un callejón sin salida. No sabe qué hacer, ni qué decir, ni qué decisión tomar. La mente consciente dice una cosa y el inconsciente hace otra.

La metáfora tiene la cualidad de que puede ser procesada, sin que el pensamiento intervenga. Además, al inconsciente le encantan los simbolismos y los rituales.

La metáfora te permite disociarte de la situación. Consiste en explicar a tu cliente la situación que está viviendo, pero en tercera persona (disociada), poniendo personajes a esta historia como, por ejemplo, unos patitos, la Sra. gallina y el Sr. pollo. De esta forma la historia entra en el inconsciente sin la barrera del consciente, esto permite la integración de ambos.

Lo más importante en consulta y en el trabajo personal es que la percepción, la forma de ver la creencia, cambie y esto permita cambiarla o establecer otra.

Decimos muchas veces que por el simple hecho de encontrar la creencia, esta ya pierde su fuerza. Esto es así porque la perspectiva ya cambia, el hecho de hacerla consciente permite darle más o menos fuerza emocional, permite disociarse de ella cuando la situación que desencadena la creencia se presenta.

Uno de los objetivos de este libro es que el lector vea en la enfermedad una oportunidad para comunicarse consigo mismo/a y que crea que cuando consiga esto, es decir, cuando tome conciencia de esa falta de comunicación o falta de coherencia, los síntomas desaparecerán por sí solos o con el mínimo de ayuda exterior. Los tratamientos, entonces, ¡sencillamente funcionan!

Los pensamientos positivos

Ya he dicho anteriormente que no creo en los pensamientos positivos así porque sí. Muchas personas se consideran muy espirituales y sin embargo sus vidas no funcionan. Se dicen cosas como: “Soy una mujer hermosa y voy a encontrar un marido maravilloso», y su vida de pareja es simplemente un fracaso tras otro.

¿Qué ocurre? Lo que ocurre es que esto no funciona así. Para que tus pensamientos funcionen —sean como sean— es necesario creer en ellos, no creer que crees en ellos. Es tener certeza, es saber que tus pensamientos tienen tras de sí unos sentimientos y unas emociones que los respaldan. Por lo tanto no debo decir que soy hermosa, debo sentirme, verme y proyectarme como una mujer hermosa, vistiéndome, arreglándome de la mejor manera que sé para proyetar lo que sé que es.

Para que los pensamientos positivos funcionen es importante integrar lo que nuestro consciente ve y entiende con lo que el inconsciente cree. Entender que ambos, consciente e inconsciente, son independientes entre sí, y que el punto de encuentro, o unos de ellos, es nuestro cuerpo. Por eso es tan importante, antes de hacer un pensamiento positivo como, por ejemplo, «voy a encontrar mi pareja ideal», encontrar cuáles son los bloqueos que impiden que esto ocurra o, dicho de otra manera, cuál es la creencia o las creencias que lo alimentan.

El efecto placebo y el efecto nocebo

Ya hemos hablado un poco de ellos anteriormente, pero no está demás seguir ampliando el concepto de ambos.

Es muy importante para un paciente cuidar la forma en que transmitimos o el modo en que vemos la situación problemática de este. Nuestra respiración, nuestra postura corporal, nuestro timbre de voz... son señales muy sutiles para el inconsciente de nuestro cliente. El simple hecho de transmitir una opinión o un diagnóstico puede secuestrarle su vida. A esta situación le llamamos «conflicto de diagnóstico». El cliente pone «su poder» en manos de los expertos, que se supone que somos nosotros.

Voy a poner un ejemplo relevante de la importancia del efecto placebo. En el 2002, en un artículo de la revista *Prevention & Treatment* de la Asociación Psicológica Norteamericana titulado

«Las nuevas drogas del emperador», el profesor en Psicología de la Universidad de Connecticut, Irving Kirsch, reveló que el 80% de los efectos de los antidepresivos descubiertos en los ensayos clínicos podían atribuirse al efecto placebo.[128]

Increíble, ¿verdad? Brutal, diríamos nosotros. No voy a entrar en los efectos económicos que conlleva esto, no es de nuestra incumbencia, nosotros exponemos, demostramos, y que cada cual tome su decisión.

Este mismo autor, que tuvo que recurrir a la Ley de la Libertad de Información en 2001, pudo reunir la información sobre los más importantes antidepresivos, en los cuales se especificaba que los fármacos no obtenían mejores resultados que las píldoras de placebo y resalto: «La diferencia entre la respuesta de los fármacos y la del placebo era menos de dos puntos de media en la escala clínica que va desde los cincuenta a los sesenta puntos». Es una diferencia clínicamente irrelevante.[129]

Tanto si crees que puedes como si crees que no puedes... tienes razón.

Henry Ford

Bien, ¿y cómo afecta todo esto a nuestras vidas?

Desde el principio de este libro, cuando me hago esta reflexión, la finalidad es la misma: demostrar que no somos víctimas circunstanciales de la vida y que nosotros tenemos mucho que ver y hacer para cambiarla y ser dueños de ella. Abandonar el victimismo requiere madurez, requiere abandonar el paternalismo, el «¡Ay, pobre de mí!», el «¿Qué he hecho yo para merecer esto?». Es hacerse responsable de las creencias que albergamos, de entender-

128 Kirsch, I. Citado por Bruce H. Lipton en *La biología de la creencia*, Editorial Palmyra, 2007, pág. 190.

129 Ibid, pág. 190.

las y luego trascenderlas. Es hacer una integración del consciente y del inconsciente.

Debemos pasar a ser el Observador (con letras mayúsculas), un Observador consciente de que sus pensamientos se pueden transformar en destinos, que todo lo que ocurre a su alrededor forma parte de él, que si quiere cambiar sus circunstancias debe cambiar la forma de verlas. Para ello, querido lector, hay un método infalible: ¡no juzgar la realidad que percibimos!

El Proyecto Sentido (PS)

Desde que empezamos este libro no hemos dejado ni un momento el hilo conductor, y este es «la información». La información se almacena, se transmite, se procesa, forma creencias... en definitiva, se programa y por lo tanto se puede reprogramar.

En el pensamiento newtoniano, mecanicista, el cerebro crea la mente. En el pensamiento cuántico, holístico, la mente está en todo el cuerpo y más allá de él. Es más, muchos científicos nos hablan de la Matriz que lo sustenta todo y que mantiene toda la información. Hemos venido desarrollando a lo largo del libro diversas teorías que respaldan este segundo paradigma que es que la mente (la Matriz) es la que lo sustenta todo. Esta «matriz» se describe también como el «campo universal de energía» o el «campo punto cero».

Recordemos que el padre de la Física Cuántica, Max Planck, dijo:

> *Toda la materia tiene su origen y existe en virtud de una fuerza... Debemos presuponer la existencia de una Mente inteligente y consciente tras esa fuerza. Esta mente es la matriz de toda la materia.*[130]

El PS es un término empleado por Marc Frêchet para explicar su propia historia. El PS viene a estudiar cuáles fueron los condi-

---

130 Greeg Braden, *La matriz divina*, Editorial Sirio, 2008, pág. 5.

cionamientos de nuestra concepción, si fuimos deseados, si querían un niño y soy una niña, si mis padres quisieron abortar, si fui un niño no esperado que vino por «accidente». También explica lo que graba el inconsciente del feto cuando está en el útero materno, qué circunstancias emocionales está viviendo su madre, qué pasa por su mente, cuáles son las circunstancias que le rodean, y también trata de explicar y encontrar los condicionamientos que se graban hasta los tres años de edad (condicionamientos, sobre todo, de la madre). Algunos autores hacen hincapié en que es muy importante hasta los siete años.

Todo ello se puede resumir con una pregunta: «¿Qué pasaba por la cabeza de mis padres antes de que yo fuera concebido, en el útero materno y a mi temprana edad?».

En este capítulo expondremos toda una serie de experimentos científicos que demuestran que la teoría del Proyecto Sentido es una teoría muy válida.

El Dr. Bruce H. Lipton, en el capítulo «Paternidad responsable» de su libro *La biología de la creencia*, explica varios de estos experimentos que vienen a demostrar la importancia de ser padres responsables y de tomar conciencia de que nuestras emociones, como padres, afectan a nuestros hijos y los programamos a vivir una vida determinada.

Veamos algunos ejemplos:

- «Los descubrimientos expuestos en la literatura elaborada por expertos a lo largo de décadas establecen, más allá de toda duda, que los padres ejercen una influencia abrumadora sobre los atributos físicos y mentales de los hijos durante su desarrollo.».[131] Y siguen: «Esta influencia no es tras el nacimiento, sino antes de que los niños nazcan».

---

131 Verny y Kelly citados por Bruce Lipton en *La biología de la creencia*, Editorial Palmyra, 2007, pág. 212.

- «La calidad de la vida en el útero, nuestro hogar temporal antes de nacer, establece nuestra susceptibilidad a las enfermedades coronarias, a los infartos, a la diabetes, a la obesidad y a otras muchas enfermedades durante la vida posterior».[132]
- De un tiempo a esta parte se ha relacionado un número mayor de trastornos crónicos en la edad adulta (tales como la osteoporosis, los trastornos del humor y la psicosis) con las condiciones padecidas durante el desarrollo pre y perinatal.[133]
- Otra vez Nathanielsz dice: «Cada vez son más las pruebas que demuestran que las condiciones del útero tienen tanta importancia como los genes a la hora de determinar cuál será el desarrollo mental y físico durante la vida. "Miopía genética" es el término que mejor describe la extendida idea actual de que nuestra salud y nuestro destino están regulados únicamente por los genes».[134]
- «La respuesta de los individuos a las condiciones del ambiente que perciben sus madres antes del nacimiento les permite optimizar su desarrollo genético y fisiológico mientras se adaptan al ambiente previsto. La propia plasticidad epigenética del ser humano puede tener malos resultados y conducir a todo un despliegue de enfermedades crónicas que se manifiestan en la edad adulta si un individuo sufre una nutrición insuficiente y circunstancias adversas en su entorno durante los periodos fetal y neonatal de su desarrollo.»[135]

---

132 Dr. Peter W. Nathanielz, en *Life in the Womb: The Origin of Health and Disease*. De Bruce H. Lipton, *La biología de la creencia*, Editorial Palmyra, 2007, págs. 220-221.

133 Gluckman y Hanson citados por Bruce Lipton en *La biología de la creencia*, Editorial Palmyra, 2007, pág. 213.

134 Bruce Lipton, *La biología de la creencia*, Editorial Palmyra, 2007, pág. 213.

135 Bateson citado por Bruce Lipton en Bruce Lipton, *La biología de la creencia*, Editorial Palmyra, 2007, pág. 214.

- «Los comportamientos, las creencias y las actitudes que los humanos observamos en nuestros padres se graban en nuestro cerebro con tanta firmeza como las rutas sinápticas de la mente subconsciente. Una vez que la información se almacena en el subconsciente, controla nuestra biología durante el resto de nuestra vida, a menos que descubramos una forma de volver a programarla.»[136]

Bien, ¿y cómo afecta todo esto a nuestras vidas?

Todas estas teorías expuestas solamente confirman lo que venimos diciendo en la metodología de la BioNeuroEmoción, esto es, que muchos de los síntomas que sufrimos a ciertas edades se encuentran programados en el PS de nuestros padres. Nosotros los llamamos «Conflictos Programantes Estructurados».

Tal como dice Lipton... «A menos que descubramos una forma de volver a programarlo». Esta es la finalidad de nuestra metodología, buscar los programas que se hallan codificados en nuestro inconsciente, sacarlos a la luz de nuestro consciente, transformarlos, integrarlos y transmitir a nuestro inconsciente otra forma de ver la situación y reprogramarlos.

Nos hace tomar conciencia de la responsabilidad que tenemos como padres. Aquellos para los que sea tarde porque sus hijos son mayores, ¡por favor!, no os hagáis el *harakiri*, no caigáis en la trampa de la culpabilidad. A estos padres les decimos que ellos actuaron como sabían en aquellos momentos, y punto. Lo importante es que ahora estos conocimientos pueden transmitirlos a sus hijos para que estos sí sean padres conscientes y puedan liberar de cargas a sus nietos.

Voy a seguir con otro ejemplo que está relacionado con lo que estoy explicando:

---

136 Dr. Peter W. Nathanielz, en *Life in the Womb: The Origin of Health and Disease*. De Bruce H. Lipton, *La biología de la creencia*, Editorial Palmyra, 2007, págs. 220-221.

Los investigadores revelan que los padres actúan como ingenieros genéticos con sus hijos durante los meses previos a la concepción. En las etapas finales de la maduración del óvulo y del espermatozoide se ajusta la actividad de los grupos de genes específicos que darán forma al niño que está por nacer mediante un proceso llamado «impresión genómica».[137]

Cuando estudiamos el PS de nuestros clientes, siempre les preguntamos cuál era la situación emocional de sus padres antes de la concepción (unos nueve meses antes). Obviamente, casi siempre los padres responden que todo estaba muy bien (especialmente la madre), obviando los problemas emocionales que pudieran estar viviendo, y estos van al inconsciente de la madre y luego al del hijo. Siempre decimos, y lo decimos con mucho cariño, que «todas las madres mienten». Las madres están programadas para esconder y ocultar los problemas que pueda haber en la familia, precisamente para protegerla, pero estas buenas intenciones no las eximen de una programación tóxica para sus hijos. Ya sabemos que el camino del infierno está empedrado de buenas intenciones, pero va al infierno. Cuántas madres han aguantado violaciones dentro del matrimonio y han tenido hijos no deseados. Cuántas programaciones no habremos visto en consulta de mujeres que no se quedan embarazadas y han descubierto que llevan programas inconscientes de no tener hijos o de no querer tenerlos. Programas transmitidos por los silencios, muchas veces justificables, de mujeres que han vivido unos matrimonios infernales.

Todo esto tiene un Sentido Biológico. Mantener la información, transmitirla de padres a hijos, tiene por finalidad la adaptación al medio en el cual viven los padres, porque el niño al nacer

---

137 Surani, Reik y Walter citados por Bruce H. Lipton en *La biología de la creencia*, Editorial Palmyra, 2007, pág. 235.

se encontrará con el mismo ambiente de sus padres, y como el inconsciente biológico es atemporal mantiene esta información en el «ahora» aun cuando en su consciente pasen años.

Lipton nos dice —algo que nosotros ya intuíamos— que «la percepción de los padres del entorno se transmite a través de la placenta y orienta la fisiología fetal para que el niño pueda enfrentarse de un modo eficaz a las necesidades futuras que encontrará tras su nacimiento».[138] Otros autores ya habían apuntado a esta posibilidad y nosotros lo hemos comprobado en nuestra experiencia clínica.

A los padres adoptivos les diríamos que no piensen que la vida de sus hijos empieza cuando entran en el hogar. Sus hijos adoptados vienen con una programación, y si esta no es conocida puede llevar a situaciones que no se comprenden. Estos niños tienen que recibir otras improntas, las de sus nuevos padres, pero estos siempre deben tener en cuenta que hay programas muy ocultos en el inconsciente de sus hijos adoptados.

Termino este capítulo, en el que hemos expuesto muchas teorías científicas, con una regla filosófica y científica conocida como «la navaja de Occam». Esta nos dice que cuando se ofrecen varias hipótesis para explicar un mismo fenómeno, la hipótesis más simple, la que explique la mayor parte de las observaciones, es la más probable y la que hay que considerar en primer lugar.

¡Que el lector decida!

138 Ibid, pág. 241.

El Inconsciente Biológico (I.B.)

Cuando hablemos del I.B. lo haremos considerándolo como el regulador de nuestras emociones y el director de estas hacia el lugar físico de nuestro cuerpo que él considere necesario y preciso. Su finalidad es siempre la adaptación al entorno.

Procesa la información a una velocidad millones de veces superior a la de la mente consciente. Este examina el mundo que nos rodea, graba todo lo que nosotros experimentamos emocionalmente. Tiene una capacidad de reacción inmediata y para ello utiliza programas evolutivos y comportamientos previamente aprendidos. Sus actos son de naturaleza refleja y no están controlados por pensamientos o razonamientos.

Nos podríamos preguntar si el I.B. es inteligente y, si lo es, qué tipo de inteligencia tiene. Lo que sí sé es que la inteligencia de este no es una inteligencia con la que se pueda razonar, es una inteligencia sin presuposiciones de ninguna clase, una inteligencia nítida, sin sombras, una inteligencia precisa y concreta cuyo objetivo es dar una solución lo más rápida posible frente a una situación de urgencia. De ello puedo deducir que una característica del I.B. es su absoluta **inocencia**. No sabe lo que está bien o lo que está mal, para ello selecciona los programas aprendidos de una forma transgeneracional, de Proyecto Sentido o grabados en nuestra infancia.

El desarrollo del sistema límbico ha permitido que experimentemos sensaciones físicas. Nuestra mente consciente experimenta estas sensaciones como emociones. Esta es una de las claves que utilizamos en BioNeuroEmoción. Sabemos que todas las personas experimentan sensaciones físicas en lugares determinados de sus cuerpos y luego les ponemos nombre. Cuántas veces no habremos preguntado a un cliente dónde siente tal o cual emoción, por ejemplo, miedo, y nos ha señalado la garganta. Entonces nosotros sabemos que la fuente de su emoción y sensación física en la garganta es un conflicto relacionado con no expresar algo frente a una situación que el cliente percibe como peligrosa. Por ejemplo: «Si digo tal o cual cosa, mi pareja me abandonará». La sensación física en un lugar determinado del cuerpo vendría a ser como una puerta de entrada al inconsciente.

«Como especie hemos tenido tanto tiempo para adaptarnos al control del sistema límbico que nos sentimos cómodos aun cuando es él el que toma el mando. Sin el sistema límbico no tendríamos grupos sociales de ningún tipo, el sexo nunca se habría desarrollado hasta llegar al amor, la curiosidad nunca habría pasado a la reverencia religiosa.»[139] El IB mira al mundo, mejor dicho, a la pantalla del mundo, con una mirada limpia, sin dualidad, sin sombra. Cualquier estímulo emocional que recibe es puro para él, no hay interpretación. La fuerza de este impulso emocional, su carga, determina la atención de este al mensaje recibido y dará la solución según la urgencia que perciba.

Esta inocencia está mediatizada por los filtros educativos y las cargas emocionales del clan. Por lo tanto, estos filtros dan un mensaje determinado de la persona, dado que cada una vive los acontecimientos de una forma particular, o sea, según sus programas.

Aun así, la respuesta que pueda dar el I.B. pude ser la misma aunque los acontecimientos sean muy diferentes. Esto es debido a que cada ser humano, independientemente de su cultura, tiene sus canales de percepción biológicos preferenciales, tal como nos explica, por ejemplo, la Programación Neurolingüística (PNL).

---

139 Robin Robertson, *Introducción a la Psicología Junguiana*, Ediciones Obelisco, 2002, pág. 28.

Por lo tanto, todo acontecimiento traumático tiene una forma particular de vivirse independientemente de este, y esa forma de vivirlo emocionalmente determinará el síntoma físico según unos códigos establecidos a lo largo de la evolución.

El I.B. del ser humano no puede determinar si la emoción que recibe es de un suceso real —es decir, objetivo para todos— o virtual. No puede determinar si la experiencia emocional está en la mente del individuo o en el exterior. Tenemos aquí otra característica del I.B. y es que **lo virtual es igual a lo real**. Por lo tanto, las experiencias emocionales que vivamos están más en función de nuestra interpretación que de la objetividad.

Esto nos lleva a un punto muy interesante en la compresión del funcionamiento del I.B. y de su aplicación en consulta. Para el I.B. **el tiempo no existe**, él vive en una infinidad de puntos presentes y eternos, para él todo es ahora y en este instante. Nuestra división del tiempo en pasado, presente y futuro no tiene ningún significado para el I.B. puesto que todo está formado por infinitos presentes desconectados unos de otros.

Para poder entender bien esto, podemos hacer la siguiente analogía: Es como una habitación cuyo suelo está formado por baldosas muy bien delimitadas, con sus bordes precisos. Cada baldosa es un acontecimiento vivido que proporciona una experiencia determinada y a su vez deja una huella neurológica en nuestro cerebro. Cada baldosa está ligeramente separada de las demás, como aislada, nuestro consciente aprovecha la experiencia y la aplica a acontecimientos posteriores a otras baldosas. El consciente cree que la situación, que él llama «pasado», ya está superada. Nada más lejos de la realidad del inconsciente, el trauma sigue allí, como congelado, a la espera de una solución satisfactoria. Está en un presente para el I.B. (vendría a ser toda la habitación) y en un pasado para el consciente. Si este espacio/tiempo congelado en un presente y guardado en la memoria del I.B. no se desactiva puede producir en otro presente (baldosa) un síntoma físico llamado enfermedad.

Esto en consulta es una suerte, puesto que nos permite acceder a estados emocionales que se mantienen frescos y latentes, y al hacerlos conscientes podemos cambiarlos y desactivarlos. Todo ello nos hace que podamos viajar en el espacio/tiempo que siempre está presente y que solamente el consciente lo ve dividido.

El I.B. tiene una gran capacidad de empatizar. Si esta empatía se pone en manos del ego, permite que cada uno de nosotros suframos por un acontecimiento externo a nuestras vidas y a nuestra realidad, pero vivido como si fuera algo profundamente nuestro.

El I.B. no ve nada que él no sienta que le pertenece. Para él todo es uno, todo es emoción, todo es sentimiento. Es de esta manera como él se comunica con lo aparentemente exterior. Sería como si te encontraras en una habitación llena de espejos.

Todo esto que estoy explicando no son invenciones mías de una calurosa tarde de verano. Se ha demostrado científicamente, a través del descubrimiento de las «neuronas espejo», que hay un grupo de neuronas que no solo se activaban cuando un animal ejecutaba ciertos movimientos, sino que, simplemente con contemplar a otros hacerlo, también lo hacían. Las neuronas espejo permiten hacer propias las acciones, las sensaciones y las emociones de los demás. Dicho de otro modo: «Las neuronas espejo te ponen en el lugar del otro».[140]

¿Quién no ha estado en el cine y se ha emocionado con ciertas imágenes y acontecimientos? El consciente sabe que no es real, el consciente sabe que es una proyección, pero el inconsciente no, para él todo es uno, todo es real y todo ocurre ahora. Para el I.B. lo externo no existe. Una amiga mía me comentaba el otro día que tenía un par de conocidas que habían ido a la India y habían vuelto con un cáncer de hígado. Estas personas habían empatizado con el hambre de personas que tenían a su alrededor. Habían

---

140 «Las neuronas espejo», www.elpais.com, por Ángela Boto. Madrid, 19 de Octubre de 2005.

hecho suyo, inconscientemente, el sufrimiento de esas personas. Como hemos dicho, para el inconsciente, lo que uno vive, es.

Para el I.B. **el otro no existe**, lo que es, es porque tú lo vives y lo sientes como tuyo. Una amiga mía se murió de un cáncer de pulmón, a las pocas semanas su mejor amiga tuvo el mismo cáncer y en el mismo sitio y murió unos meses más tarde. Esta última vivía la problemática de mi amiga como si fuera realmente suyo el problema y su conflicto era «miedo a morir». «Miedo a que mi amiga se muera.» Por lo tanto, para el inconsciente es «Miedo a morirme». El Sentido Biológico es «hacer más pulmón», porque nosotros no podemos vivir mucho tiempo sin respirar.

En Medicina Tradicional china, el pulmón es el órgano en el que se somatiza la tristeza. Esto nos explica por qué muchas personas con problemas pulmonares sienten esta emoción en los pulmones, pues la tristeza siempre está relacionada con la «muerte de algo». Entendiendo como muerte no solamente la muerte física, sino la emocional, cuando alguien desaparece de tu vida, para el inconsciente «se ha muerto».

En nuestro inconsciente se proyecta el Inconsciente Colectivo

Podríamos hablar del Universo Holístico y de la sincronicidad de la que en su día habló Carl G. Jung. Hay una inteligencia, y creo que todavía estamos muy lejos de comprenderla. Esto me lleva a pensar que todas las cosas que nos ocurren tienen una razón de ser y de existir. Este es el paradigma que la mente humana debe acometer y trabajar para que seamos conscientes de que todos y cada uno de nosotros somos totalmente participativos con lo que nos ocurre. Dicho de otra manera, debe haber «algo» que hace que vivamos las experiencias como resultado de un complejo entramado mental que reside en nuestro inconsciente y, por ampliación, en el Inconsciente Colectivo, tanto local como universal. Todo está estrechamente entrelazado y desde un punto de vista totalmente holístico, el Universo vendría a ser como una Unidad de inteligencia que se autorregula a través de procesos codificados en diferentes niveles de información.

> *De algún extraño modo el Universo es un Universo participativo.*
>
> John A. Wheeler

¿Cómo enfocamos todo esto en BioNeuroEmoción? Nosotros vemos que esta inteligencia se manifiesta a través de nuestro cuerpo y el que la regula es el Inconsciente Biológico.

¿Por qué esto es así? Es sabido por casi todos que de toda la información que recibimos solamente procesamos de forma consciente un 5 % más o menos, y que el resto va directamente al inconsciente, y allí, de alguna forma, crea sus conexiones y sus almacenajes según unas características muy precisas que veremos más adelante, cuando hagamos referencia a las características del Inconsciente Biológico.

Esta información tendrá su influencia y su manifestación en nuestro organismo en función de procesos psicológicos que se han estructurado en nuestra vida y otros procesos que también son psicológicos pero que hemos heredado cuando estábamos en el vientre materno (PS) y que hemos heredado de nuestros ancestros, tal como estudia el Transgeneracional.

Publicaciones científicas de investigadores como Hilgard (1969) y Newman (1959), entre otros, documentan el «Síndrome del Aniversario», los cuales conceptualizan como respuestas somáticas y conductuales y/o psicológicas específicas de un tiempo simbolizando intentos de dominio del trauma que surgen consciente o inconscientemente de un hecho importante o significativo ocurrido en el pasado, más frecuentemente la muerte de una figura significativa de la infancia.

Hilgart, a través de la reconstrucción de eventos traumáticos vividos especialmente por niños, lo expone en su artículo *Aniversary reactions in parents precipitated by childrens*, en la revista *Psychiatry* en 1953.[141]

La *Biblia* ya nos dice de alguna manera que esto es así: «Y los pecados de los padres se heredarán hasta la tercera o cuarta generación». También vemos en el Nuevo Testamento esta idea, cuando los apósteles le preguntaban a Jesús al curar este a un enfermo: «Maestro, ¿quién ha pecado, él o sus padres?».

Es Anne Shützenberguer la que coloca el Transgeneracional en el mapa del mundo psicológico y nos pone al día cuando se da cuenta de que el inconsciente se manifiesta a través de fechas, nombres, profesiones y acontecimientos en generaciones posteriores, como si estas tuvieran que solucionar lo que sus predecesores no supieron o no pudieron realizar.

Entiendo esto como una manera de asegurarse de que lo que quedó pendiente de solucionarse será reparado por las generaciones futuras, y de esta forma podrán liberar al clan de esa carga física y psicológica que en muchos casos se materializa en enfermedades degenerativas y muy limitantes. Anne Shützenberguer, en su explicación del «Síndrome del Aniversario», nombra a Hilgart como referencia de su teoría sobre este evento tan importante y recurrente en el estudio del árbol transgeneracional o genosociograma.

Entiendo que de alguna manera la Inteligencia del Universo pone límites a nuestros pensamientos, sentimientos y acciones y que este límite puede ser la manifestación física de una enfermedad. Aquí podremos parafrasear a Carl G. Jung cuando dice: «La enfermedad es el esfuerzo que hace la naturaleza para curar al hombre». Son muchas las veces que he escuchado en mi vida la frase: «Gracias a la enfermedad he comprendido muchas cosas y ahora mi vida tiene otro sentido».

---

141 Citado por Enric Corbera y Montserrat Batlló, coautores de *Fundamentación teórica en BioNeuroEmoción*, junio de 2013, Sincronía Editorial.

Podemos ver que el Universo se manifiesta en una multitud de facetas y que todo tiene un fin, y este debe ser la vida, la existencia, la toma de conciencia de quiénes somos realmente. Que somos hijos de este y somos una manifestación única y que somos potencialmente inteligentes para tomar plena conciencia, algún día, de quiénes somos en realidad.

Los conceptos de psicogenealogia y de análisis transgeneracional fueron creados, como ya he dicho anteriormente, por Anne Schutzenberger, psicoanalista, psicodramatista y pionera en Francia de este enfoque. Hacia los años 80, ella comenzó a utilizar el concepto entre sus alumnos en la Universidad de Niza para hacer referencia a los lazos familiares, la transmisión y lo transgeneracional. Schützenberger utiliza con sus pacientes como método terapéutico la genosociograma (mapa genealógico que construyen en sesión paciente y terapeuta y donde se inscriben los datos y la información de la familia). El genosociograma, podemos decir, es una representación del inconsciente familiar. A través de él se puede descubrir, por ejemplo, que todos los hijos mayores fallecen en diferentes generaciones a los veinte años, o que la edad en que le dan el diagnóstico de una enfermedad grave a una persona coincide con la edad en la que un ancestro tuvo un accidente grave.

Nosotros, los especialistas en BNE, utilizamos en muchos casos el estudio del árbol transgeneracional de nuestros pacientes para encontrar en él los encargos que el inconsciente familiar está haciendo a nuestro paciente para que este pueda deshacerlos y tomar su propia iniciativa. Se trata de liberarse y de liberar al clan a través de una nueva perspectiva y de un nuevo enfoque de la realidad que afectaba a todo el clan familiar. A esto le llamaríamos «reprogramar» la información del clan, de esta manera la sintomatología física desaparece, mengua o toma otra dirección.

En consulta debemos tener muy presente siempre la información almacenada en el inconsciente familiar que de alguna forma siempre está interactuando con la vida de nuestro cliente. Cada uno de nosotros hereda un legado psicológico tan real como su misma dotación genética. Nuestros padres nos transmiten en forma de pautas disfuncionales de conducta los problemas que ellos no han podido resolver en sus vidas. Nosotros le llamamos a este legado el Proyecto Sentido (PS).

Ejemplo: Primero veamos el gráfico del árbol genealógico

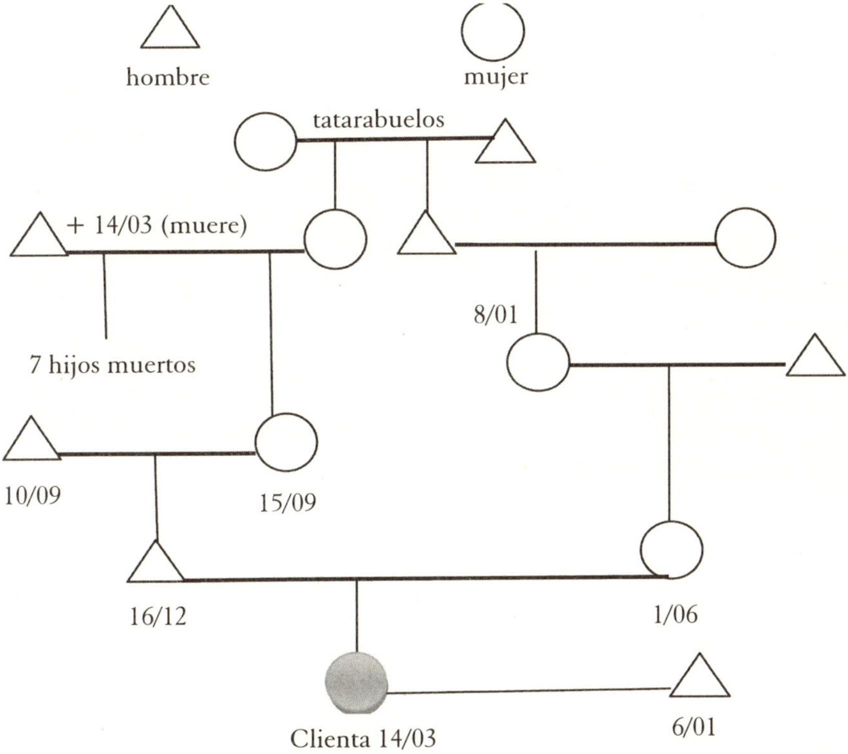

En consulta, cuando les pido a mis pacientes que indaguen en su árbol transgeneracional, muchos me han comentado que, al hacerlo, algo ha cambiado en ellos y que desde entonces se encuentran mejor de sus dolencias. Es esta toma de conciencia la que los libera, el hecho de saber que lo que les ocurre es algo que está programado en su inconsciente, que no es algo de ellos, sino a través de ellos y que de alguna forma, al llevar esta información, tienen un compromiso con el clan para liberarnos. Esto nos produce una tranquilidad y una paz interior. Por fin sentimos que todo tiene un significado y un para qué. Descubrimos muchas veces que nuestro cliente es la «oveja negra», que vendría a ser el portador de la sombra de la familia.

Voy a explicar lo expuesto con un ejemplo, del gráfico anterior, de una clienta mía que viene a la consulta por un problema de esclerosis múltiple. Sabemos por experiencia que esta enfermedad tiene una gran carga transgeneracional y le pido que indague en su árbol genealógico. El resultado no puede ser más revelador.

La historia es la que sigue:

- Podemos ver que nuestra clienta tiene solamente dos tatarabuelos y que estos tienen dos hijos, los cuales se querían una barbaridad, hasta tal punto que la hija (cuando muere su madre) hace de mamá de su hermano.
- La hija se casa con un hombre que muere en la fecha 14/03, fecha que coincide con el nacimiento de nuestra cliente, esto hace que ambos estén atados a través del trasngeneracional y lleve la carga de su ancestro. Nosotros le llamamos «el fantasma».
- También vemos que, por fechas de concepción, nuestra cliente es doble de su padre. Esto quiere decir que para nacer el mes 12 hay que ser concebido el mes 3. Por lo tanto, nuestra clienta lleva toda la carga de parte de su padre y de su abuelo, además este vive un gran duelo con la muerte de siete hijos y este duelo es el que recibe nuestra clienta.
- Por otro lado, sabemos que su abuela, la que nació el 8/01, fue como su madre y que estaba como muy enamorada de ella. Esto hace que nuestra clienta busque una pareja que nazca más o menos en el mismo día.
- La madre de nuestra clienta nace 1/06, que para el inconsciente es lo mismo que el 6/01 (efecto espejo). Por lo tanto, aquí hay conflicto de Edipo Inverso. De alguna forma ella

se casa con su madre, esto nos indica que hay alguna problemática con esta, y es que ella es muy sumisa, al igual que su marido. Esta es otra forma de reparación.

- Nuestra clienta es muy masculina y su marido es muy femenino, todo ello tiene que ver con la respuesta que busca su inconsciente.
- Lo más importante es que ella se da cuenta de que es una hija de un incesto simbólico entre sus bisabuelos y que además sus abuelos paternos también están en incesto simbólico. En su programa ella debe comportarse como un hombre para no tener hijos, por eso busca un hombre femenino.

No corresponde en este libro explicar la problemática del Transgeneracional en este caso, sí que se pretende dar a conocer que hay unas leyes que rigen el inconsciente del clan. Este inconsciente busca soluciones y nos hace vivir situaciones, escoger a personas, vivir enfermedades, etc., aunque nosotros creamos que todo lo que nos ocurre es por casualidad o por la buena o mala suerte. Esta misma persona me decía: «No entiendo cómo pude enamorarme de un hombre tan femenino, mira que me llega a molestar (espejo de su madre)». Cuando vio y comprendió el árbol, se hizo la luz en su mente y lo que parecía un problema resultó ser la solución que buscaba su inconsciente para liberar su clan.

La historia que hay detrás de la historia

Venimos al mundo con un propósito (que para mí es fundamental): fabricar un yo a medida que vamos creciendo hasta tener un concepto de nosotros mismos que esté perfectamente adaptado a las exigencias de nuestro mundo.

Este yo que hemos fabricado tiene dos caras: la primera es **la cara de la inocencia**, la que mostramos al mundo, el aspecto con el que se actúa. La cara sonriente y amable. Jung la denomina la «máscara» (personalidad). A esta cara la llamaremos ego, que, como tan bien descubrió Jung, es el centro de la conciencia. El ego determina lo que está bien y lo que está mal desde el punto de vista de sus propios intereses.

La segunda cara es la que desarrollamos a lo largo de nuestra vida, es la cara que no queremos ver, la que socava día a día nuestra «inocencia» y la que justifica que podamos hacer o pensar cosas «terribles». Es la cara en la que desplazamos nuestros miedos, nuestras preocupaciones, es la cara que dice: «Yo soy la cosa que tú has hecho de mí». Aquí se encuentran nuestras culpabilidades, nuestros teóricos fracasos, es la cara que nos llena de vergüenza, en ella se encuentran todos y cada uno de los aspectos reprimidos, esos aspectos de nosotros mismos que no podemos mostrar al mundo porque si lo hiciéramos no seríamos aceptados por los demás. En esta cara también encontraremos el legado psicológico de nuestros antepasados, lo que llamaremos el Inconsciente Familiar, que también podríamos llamar **la sombra colectiva** y que en consulta lo estudiaremos desde la perspectiva del Transgeneracional.

Carl G. Jung llama a este aspecto de nuestra personalidad **la sombra.**[142] Teniendo en cuenta que la sombra es solamente negativa desde el punto de vista de la consciencia.

La sombra se desarrolla en todos nosotros de una manera natural durante la infancia. Carl G. Jung descubrió la indisolubilidad del ego (máscara) y la sombra y lo explica a través de su libro *Recuerdos, sueños y pensamientos*.

> *Cada uno de nosotros proyecta una sombra tanto más oscura y compacta cuando menos encarnada se halle en nuestra vida consciente. Esta sombra constituye, a todos los efectos, un impedimento inconsciente que malogra nuestras mejores intenciones.*[143]
>
> *Carl G. Jung*

La sombra, por definición, es inconsciente y por lo tanto estamos sometidos a ella. Nuestros males, nuestras paranoias, nuestros sueños y nuestras interpretaciones de lo que llamamos realidad están mediatizadas por la sombra y por todo lo que en ella hemos desplazado a lo largo de nuestra vida, por la herencia de nuestro clan, la sombra familiar y, por supuesto, por la sombra colectiva, esta ultima llena de arquetipos, estructuras heredadas del inconsciente que compartimos con todos los seres humanos.

Una forma de explicar sencillamente cómo fabricamos la sombra sería la actitud de «luchar para ser bueno». Esto no es más que una pose, una forma de engañarse a uno mismo. Por eso Carl G. Jung decía: «Prefiero ser un individuo completo que una persona buena».

---

142 Robin Robertson, *Introducción a la Psicología Junguian*a, Ediciones Obelisco, 2002, capítulo 5, pág. 107.

143 Connie Zweig y Jeremiah Abrams, *Encuentro con la sombra, el poder del lado oculto de la naturaleza humana*, Editorial Kairós, 1993, pág. 9.

Toda esta energía psíquica reprimida que conforma la sombra se ve proyectada al exterior, tanto y cuanto más reprimida sea y más la queramos ocultar. Por eso, cuando nos sentimos atacados, en realidad en este momento estamos viendo la proyección de nuestra sombra. Todo lo que nos molesta de los demás, lo que realmente nos altera, es nuestra propia sombra proyectada.

Tenemos unas creencias-sombra, que son las que controlan nuestros pensamientos, nuestras palabras y nuestros comportamientos. Nuestra historia es una historia de doble cara, la que mostramos y con la cual nos identificamos y la historia oculta. A esta última, en consulta, la llamo la **historia que hay detrás de la historia personal**, aquella que nuestro consciente sabe y justifica. Esta historia es precisamente la que no me interesa. Para encontrar esta historia oculta se hace necesario acceder a la sombra, a nuestro inconsciente, en él encontraremos las emociones ocultas que hemos reprimido y que podremos liberar al hacerlas conscientes.

Esta historia oculta nos hace repetir situaciones, dramas, experiencias dolorosas una y otra vez. Es como si algo o alguien conspirara contra nosotros. No es así, es la fuerza de nuestra personalidad oculta, la que reprimimos y la que nos obliga a sincerarnos a nosotros mismos frente a los demás. Vendría a ser como mostrarnos desnudos frente a la opinión de nuestros interlocutores.

Como nos diría Lipton: «Las emociones que mantienen las historias en su lugar deben tratarse antes de poder dejar atrás la historia».[144] La resolución requiere que reconozcamos y sanemos las heridas espirituales, psicológicas y emocionales.

Las situaciones que se perciben como problemas o enigmas solo son tales hasta que se identifican y se comprenden sus patrones subyacentes. A estos patrones nosotros los llamamos «aprendizajes» y, como afectan a nuestra biología, nuestro trabajo es en-

---

144 Bruce H. Lipton, *La biología de la transformación*, Editorial Palmyra, 2010, pág. 408.

contrarlos y desaprenderlos. Para ello se hace imprescindible que nuestro cliente pueda «soltar» su historia, y muchas veces eso se consigue cuando «comprende» que su historia está sustentada por patrones subyacentes.

Reflexionemos un instante. ¿Por qué algunos acontecimientos nos hieren especialmente a nosotros y no a nuestros familiares? La respuesta está en la propia sombra, allí se encuentra la clave, lo que se activa frente a un acontecimiento determinado. Debemos indagar qué hay detrás. Aquello que nos causa dolor, que nos hiere, nos ofrece una magnífica oportunidad para conocernos a nosotros mismos al aceptar que ello se encuentra en nuestra sombra.

¿No os habéis preguntado alguna vez por qué cuando hay un accidente en la vía contraria a la vuestra se forman retenciones? Todo el mundo contesta que es el «efecto mirón», o el «efecto morbo». Pues bien, es la manifestación de nuestra sombra. También podríamos preguntarnos por el éxito de las películas de terror o de violencia, la respuesta es la misma, es la exteriorización de nuestra sombra. Podría seguir hablando de otras situaciones, como por ejemplo las fantasías sexuales, las noticias son siempre de cosas horribles, lo que llamamos noticias vendrían a ser las «malas noticias». Me imagino que muchas veces nos hemos preguntado por qué nos atraen más las «malas noticias» que las buenas. Qué decir de las guerras, estas nos conmocionan, pero el ser humano las sigue haciendo constantemente, guerra en la familia, guerra en el barrio, guerra en el trabajo, de hecho a esto le llamamos «la lucha diaria». Le preguntamos a alguien: «¿Cómo te va?» y la respuesta muchas veces es: «Ya ves, luchando».

La lucha por los derechos, la lucha por la libertad, la lucha por la democracia, la lucha contra el hambre, la lucha contra la enfermedad, la lucha de géneros, la lucha contra todo y sobre todo contra uno mismo.

Podríamos resumir diciendo que es la lucha entre el bien y el mal, la lucha eterna que algunas religiones nos dicen. Nada más lejos de la realidad, a esta lucha hay que cambiarle el nombre por la necesidad de ser yo mismo, la manifestación de mi Yo superior y que mi personalidad sea íntegra y completa. Cuando somos capaces de contener la tensión entre los opuestos, nuestra personalidad crece hasta la individuación.

Vivimos en un mundo de complementos, de polaridades (la noche y el día, lo femenino y lo masculino, el ying y el yang, electrones y protones, luces y sombras, etc.). No seríamos sin el otro, no existiríamos sin nuestro reflejo, o sea, sin la imagen invertida de todo cuanto observamos. En realidad, para llegar a ser debemos experimentar el no-ser. Esto último se entiende a un nivel más espiritual, no seríamos nosotros sin nuestros ángeles y nuestros demonios.

«Vemos la luz de las estrellas gracias a la oscuridad del cielo». Es una frase que siempre pongo como ejemplo a mis clientes.

La sombra se puede poner de manifiesto en actos impulsivos involuntarios como comentarios maliciosos, también cuando estamos en actos colectivos la sombra se manifiesta y se contagia con más facilidad, podemos vernos gritando como energúmenos cuando estamos rodeados por centenares de personas y hasta podemos realizar actos que ni en sueños hubiéramos que podríamos hacer.

También soportamos mejor la sombra del sexo opuesto que la del nuestro propio y eso hace que estemos más predispuestos a ser tolerantes y flexibles.

La sombra se manifiesta contantemente en nuestras vidas, valga como ejemplo el padre que al llegar a casa proyecta su sombra sobre sus hijos, riñéndoles, gritándoles y cuestionándoles lo que hacen. Este padre ha estado todo el día aguantando y poniendo cara agradable a todas las impertinencias de su jefe. Recuerdo a una amiga mía que me decía algo parecido: «Mi marido siempre pone buena cara a todo el mundo, pero cuando llega a casa se transforma como Mr. Hyde, como en la novela de Stevenson». Nuestra sombra tiene que salir a pasear y lo hará siempre que pueda y nuestro alter-ego esté despistado.

Nada más nacer ya empezamos a ser reprimidos. Esta represión empieza en el vientre materno, las emociones, los sentimientos y las vicisitudes diarias de nuestra madre afectan a nuestra psique ya antes de nuestra concepción. Heredamos de nuestros padres un legado psicológico, o mejor dicho, psíquico, tan real como la misma dotación biológica.

Nuestros padres nos transmiten en forma de pautas disfuncionales de conducta los problemas que ellos han tratado de resolver en sus propias vidas.

Una de las cosas que los padres, y en general los adultos, hacemos es proyectar y atribuir sobre los niños la «maldad» que hemos rechazado en nosotros mismos. Quién no ha oído y hasta alguna vez ha dicho: «¡Mira que son crueles los niños!».

No somos conscientes de que esta «crueldad» que vemos en ellos es la crueldad que hemos reprimido y que a su vez fue proyectada por nuestros ancestros. «Y los pecado de nuestros padres serán heredados hasta la tercera y cuarta generación», reza la *Biblia*.

¿Dónde está la tan cacareada inocencia de los niños? Esa inocencia que se les supone y que hasta el mismo Jesús dijo: «Hasta que no seáis como niños no podréis entrar en el Reino de los Cielos». La respuesta es: está secuestrada, secuestrada por los miedos de los padres. Ellos transmiten el miedo a no ser aceptados si se es auténtico. Se valora la picardía, se valora el pensar mal, se valora el saber mostrar la cara que los demás esperan de nosotros. En definitiva, se valora que mostremos un falso yo, un yo agradable al mundo, para que de esta manera podamos ser aceptados y jamás de los jamases estemos solos.

Desde pequeños aprendemos a ser buenos para ser aceptados por las personas que nos importan. Aprendemos a mostrarnos de una manera frente a mamá, de otra manera frente a papá y frente a la abuela y al abuelo... y luego se manifiesta nuestra sombra contra nuestro hermano pequeño, al cual perjudicamos y torturamos física y emocionalmente. Ya estamos creando nuestra sombra, ya la estamos formando. A esta sombra la llamaremos nuestro yo enajenado, el que tiene conductas desaprobadas por la sociedad en general y por nuestra familia en particular.

Por lo tanto, tenemos un **falso yo**, el que mostramos para ser aceptados y que creamos por ser reprimidos. Es la fachada que mostramos a los demás. Por otro lado tenemos un **yo enajenado** formado por todo aquello que reprimimos al crear el falso yo, las conductas desaprobadas y que, por lo tanto, negamos.

He sido el mayor de diez hermanos, desde pequeño aprendí a mostrarme y a «dar ejemplo». No recuerdo las veces que oí: «Tienes que dar ejemplo a tus hermanos, eres el mayor» y cuántas veces tuve que reprimir mi ira y mi descontento, hasta tal punto que me convertí en un niño que era la viva imagen de la responsabilidad, de la buena conducta, obediente... en fin, un chico modelo. Pero esto no podía llegar muy lejos, mi yo enajenado, el reprimido, el que se encuentra en mi sombra, iba acumulando ira y esta explotaba con peleas en el barrio. Pelearme era mi salida, mi fuga. Siempre estaba buscando pelea y cuando la encontraba salía de mí una fuerza que aun hoy en día me asusta, la fuerza de la sombra.

Gracias a la toma de conciencia de la sombra, salió de mí algo que me ha guiado durante toda mi vida y que me ha llevado al lugar donde estoy y hacia donde estoy yendo: la gran confianza que tengo en mí mismo. Hasta los mismos psicólogos que en aquellos tiempos hacían sus análisis en las escuelas destacaban de mi personalidad esta característica.

Conocer este lado oscuro que todos tenemos es una gran revelación, la fuerza que te da no se puede explicar con palabras, es algo que te hace temblar de emoción, es encontrarte y saber que jamás estás solo, siempre estás contigo mismo.

Los niños observan instintivamente las conductas de sus padres, la forma de hablar, la forma de expresarse, las libertades, las prohibiciones, las reglas de conducta, los placeres que se permiten y los placeres prohibidos. Al final de todo saben cómo «deben vivir».

Después de esta socialización, aprendemos que ciertos pensamientos y ciertos sentimientos no deben ser expresados, y para ello creamos un súper policía que los vigila. Ha nacido el «súper ego». Cada vez que tenemos un pensamiento o un sentimiento de estos, experimentamos una especie de ansiedad. En nuestro trabajo de BioNeuroEmoción es el gran escollo que debemos sobrepasar para poder liberar el yo enajenado y hacer la transformación deseada. Aquí es donde mueren muchas esperanzas de sanación. No nos permitimos poner en duda nuestras creencias sobre quiénes somos o creemos que somos. No nos permitimos, ni tan siquiera, pensar mal de nuestra madre o de nuestro padre. Al fin y al cabo ellos nos dieron la vida y hemos de estar eternamente agradecidos. Este pensamiento es el que permite que se cometan toda clase de barbaridades a nuestro ser y a nuestra mente.

Un niño criado por una madre distante, como es mi caso, puede mostrarse como un chico duro. Un chico que no quiere caricias y que piensa que en realidad no necesita a nadie. Este niño ha reprimido la dulzura, ha reprimido el contacto, no abraza, y el simple hecho de pensarlo ya le molesta. Recuerdo perfectamente lo que me costó abrazar a los demás. Hoy en día me permito mostrar esa faceta de mi personalidad, de la misma manera que me permito mostrar mi faceta de duro. Este es el equilibrio tan buscado de la sombra.

Otro niño, con el mismo tipo de madre, puede desarrollar otra personalidad totalmente diferente a la anterior, es el niño que se muestra como el «pobre de mí», el niño que muestra sus heridas y busca a alguien que le cuide. Yo les llamo los «hijitis» que buscan a «mamitis». Hombres inmaduros que buscan a mujeres inmaduras para poder dar aquello que nunca recibieron, mujeres con carencias afectivas, creándose entonces las famosas relaciones adictivas.

Al final de nuestra adolescencia ya estamos socializados, mejor dicho, «castrados», ya nos creemos que somos la persona que nos han enseñado a ser.

Al final del proceso mostramos la imagen de aquello que creemos ser, mostramos nuestras limitaciones, mostramos aquello que nos han enseñado que podíamos o no podíamos hacer y lograr. Nos hemos olvidado de que cuando nacemos somos potencialidad pura. Decimos frases tan lapidarias como: «Yo no sirvo para escribir», «Yo no sirvo para estudiar», «Esto no es lo mío, lo mío es la Historia y no las Matemáticas», etc.

Todo lo expuesto me lleva a sopesar lo que Jung llamaba la «individuación». Él resaltaba la importancia de vivir nuestra propia vida. La individuación consiste en desarrollar nuestra personalidad a pesar de las exigencias a las que nos someten los demás.

Hay muchas personas que no viven su propia vida y que lo desconocen todo sobre su propia naturaleza. Son personas que hacen un gran esfuerzo para adaptarse, para no llevar nunca la contraria y cumplir exactamente las expectativas de los demás. Las opiniones de los demás son lo más importante, los famosos «y qué dirán si...», incluso darían su propia vida, y de hecho lo hacen, sino no fuera que el inconsciente los viene a salvar a través de una enfermedad.

Para alcanzar la plenitud debemos desembarazarnos del poder del psiquismo colectivo y del entorno y estar dispuestos a parecer imbéciles. Seguir nuestro propio camino hace que nos moleste la rigidez de las normas y a su vez somos una molestia para los demás. Cuando equilibramos ambos opuestos, encontramos nuestra auténtica personalidad y nos podemos mostrar al mundo como realmente queremos mostrarnos. Lo sabemos porque nuestro cuerpo refleja una especie de paz interior. Ya no engañamos a nadie y, sobre todo, ya no nos engañamos a nosotros mismos.

El cuerpo como manifestación de la sombra

El objetivo de este apartado es la toma de conciencia de la sombra a través de los síntomas del cuerpo.

Todo especialista en BioNeuroEmoción debe saber leer los mensajes que el inconsciente envía al Yo a través del cuerpo. Saber descifrarlos es una tarea de recopilación y de experiencia de campo, además de aplicar las técnicas que se consideren necesarias para poder acceder a este aspecto sombrío de nuestra personalidad llamada sombra y que se halla en el inconsciente.

La sombra se halla esculpida en cada uno de nuestros órganos y sistemas corporales. Nuestro cuerpo refleja la historia que no hemos expresado exteriormente. Cada arruga, cada mancha, cada dolor es la expresión física de una emoción no expresada y ocultada en nuestro inconsciente.

Nuestro inconsciente guarda en forma de códigos esta información, como ya se ha dicho en otras ocasiones, y nosotros debemos hallarlos, interpretarlos y después ayudar a nuestro cliente a liberarlos y transformarlos.

Jung ya nos indicaba en 1935, en unas de las conferencias que dio en Inglaterra, la posibilidad de que el cuerpo pueda convertirse en sombra:

> *No nos agrada contemplar nuestro lado oscuro. Por ello hay tantas personas de nuestra civilizada sociedad que han perdido su sombra, que han perdido la tercera dimensión y que, con ello, han extraviado también el cuerpo. El cuerpo es un compañero sospechoso porque produce cosas que nos desagradan y constituyen la personificación de la sombra del ego. El cuerpo, de algún modo, es una especie de esqueleto en el armario del que todo el mundo desea desembarazarse.*[145]

---

145 Fuente de John P. Conger. Capítulo del cuerpo como sombra. *Encuentro con la sombra. El poder del lado oscuro de la naturaleza humana*. Edición a cargo de Connie Zweig y Jeremiah Abrams, Editorial Kairós, 1991. Traducción de David Gonzáles y Fernando Mora.

El inconsciente se comunica constantemente a través del cuerpo y este nos muestra todas las ocasiones en las que reprimimos nuestras emociones y nuestros sentimientos.

También en este sentido podríamos hacer hincapié en lo que dijo Wilhem Reich sobre las emociones. Reich era contemporáneo de Jung. En un escrito de 1949 *Éter, Dios y el diablo*,[146] escribió:

> *De hecho se han hallado las emociones primarias racionales y las emociones secundarias irracionales en «un mismo lugar» y no se ha tenido el valor o la inteligencia de separarlas. Es allí donde hay que buscar una de las causas esenciales de la tragedia que vive el animal humano.*
> *Para captar bien el aspecto biológico de esta tragedia, es necesario profundizar la función y la expresión de lo viviente en su estado natural.*

Jung también insiste, en uno de sus ensayos sobre la naturaleza del psiquismo, en que el psiquismo y la materia son dos aspectos diferentes de la misma cosa.

En el cuento «La sombra», de Hans Christian Andersen, vemos como la sombra se puede hacer independiente y hacer su vida propia expresando todo el potencial que la persona no se atreve a desarrollar. Esto les ocurre a las personas que mantienen maniatada a la sombra hasta tal punto que esta va por libre. La persona pierde a su sombra, lo que quiere decir que pierde consciencia del otro yo, su vida se manifiesta de una forma incompleta, quizás muy decente, pero incompleta al fin y al cabo. Esto le lleva ineludiblemente a la enfermedad física. En el mismo cuento vemos que la persona se convierte en sombra. Es una indicación clara de que si hacemos caso omiso de nuestra sombra, al final esta es la que dominará nuestras vidas y se convertirá en nuestra personalidad y nosotros pasaremos a ser esclavos de ella como

146 Pág. 22, http://es.scrib.com/doc/2201734

sombra. Habremos cambiado los papales: seremos aquello que nunca quisimos ser.

La salud y la enfermedad se hallan indisolublemente unidas. No podemos conocer a esta última al margen de la salud. Es como la noche y el día, ¿cómo sabemos que es de día? La respuesta es obvia: porque conocemos la oscuridad.

La enfermedad se manifiesta en nuestro cuerpo para que nos demos cuenta de nuestra disonancia con nosotros mismos. En un principio luchamos contra ella. Si la observamos, tomamos conciencia del gran potencial de transformación que posee. Nos hace ser sinceros con nosotros mismos porque prestamos atención a lo oculto de nuestra personalidad, a la sombra.

La sombra de Jung hay que equipararla al inconsciente de Freud, y nosotros, como especialistas en BNE, la relacionamos con el Inconsciente Biológico. El cuerpo se convierte, por lo tanto, en el instrumento de manifestación de nuestro estado emocional cuando se halla en desarmonía entre aquello que creemos que tenemos que ser y aquello que en realidad queremos ser.

Cuando somos capaces de integrarlos, como veremos más adelante, entonces el ser humano manifiesta toda su creatividad. Toma conciencia de su unidad con todo lo que le rodea y surge de este el auténtico altruismo. Surge porque se tiene plena conciencia de que lo que le ocurre a ellos nos ocurre a nosotros.

Observar nuestro cuerpo es un medio excelente para conocernos a nosotros mismos. No caigamos en la tentación de creer que nuestros problemas, nuestras desgracias, nuestras enfermedades, etc., están producidas por factores externos a nosotros. Esto es uno de los pensamientos parásitos de toda persona que está o se siente enferma. Pensamiento que hace que la persona enferma no se haga responsable de su propio estado físico y mental.

Terminaré este apartado con una reflexión de John C. Pierrakos, que fue discípulo de Wilhelm Reich:

El principal rasgo distintivo de la enfermedad, por el contrario, consiste en la distorsión de la realidad, la distorsión de la realidad corporal, de la realidad emocional y de la realidad de la verdadera naturaleza de los demás y de sus acciones.[147]

Proyección versus atracción

Cuando una persona o una situación nos informa, lo que sucede normalmente es que estamos proyectando; pero si nos afecta y altera nuestra paz, provocándonos desasosiego y malestar, entonces somos víctimas de nuestras proyecciones.

Muchos autores nos alertan de que caemos muy fácilmente en la trampa de creer que son los demás los que nos privan de nuestra libertad y de nuestra felicidad y no nos damos cuenta de que somos nosotros mismos los responsables de lo que nos estamos haciendo.

Debemos ser plenamente conscientes de que todo lo que vemos en el exterior es el reflejo de nuestro interior. De alguna forma refleja nuestro estado mental. Ser conscientes de esto hace que nuestra posibilidad de sanarnos aumente exponencialmente a la toma de conciencia a esta nueva realidad.

Atraemos a nuestra vida todo aquello que repudiamos, todo aquello que rechazamos. Estamos «condenados» a vivir el lado oscuro para que de esta forma podamos llegar a la individuación (término junguiano de consciencia de la totalidad). No hay que confundir la individuación con la individualidad o el individualismo.

La proyección también tiene una finalidad de desarrollo e integración. Como sería el caso del *anima/us* de Jung. Lo que nos

147 *Encuentro con la sombra*, Editorial Kairós, 1993, capítulo «La anatomía del mal», pág. 73.

indica que todo hombre tiene un alma femenina (*ánima*) y que toda mujer tiene un alma masculina (*ánimus*). Esto nos indica que muchas veces proyectamos nuestra ánima/us en el otro, en este caso en la pareja. Muchas veces no comprendemos cómo alguien puede estar con tal o cual persona. La respuesta es tan simple como que cada uno proyecta en el otro su *ánima*.

Saber ver en el otro nuestro interior nos libera de muchas emociones esclavizantes, como en el caso de la culpabilidad, nos hace ser plenamente responsables, que no culpables, de nuestra situación.

Según Ken Wilber: «Si queremos, a modo de experimentación, saber cómo ve el mundo nuestra sombra, no tenemos más que asumir exactamente lo opuesto de lo que conscientemente deseemos, queramos, sintamos, necesitemos, intentemos o creamos.[148]

De esta manera podemos ponernos en contacto con los opuestos, tomar consciencia de ellos e integrarlos. Esto es importante, porque la sombra siempre tiene algo que decir, y si esta no se hace consciente acabaremos siendo esclavos de sus dictados.

Ser conscientes de ellos no quiere decir que tengamos que sacarlos a la luz de nuestra vida; sino ser conscientes, esto es suficiente para liberarlos y dejar de tenerlos reprimidos y encarcelados.

Por ejemplo, admitir que somos ambiciosos nos permite liberarnos de la esclavitud de serlo. No se trata de liberarnos de los síntomas, sino más bien expresarlos y dejarlos que se manifiesten para poder ver que hay detrás de ellos.

La *Biblia* nos dice que Jesús, hablando con sus discípulos, dijo: «No os resistáis al mal».[149] Es una enseñanza que muestra claramente lo que quiero exponer. Cuando no nos resistimos a nuestras emociones y sentimientos «negativos», estos fluyen y los podemos

---

148 Capitulo 41 «Asumir la respondabilidad de nuestra propia sobra». Ken Wilber, pág. 2 del artículo.

149 *Encuentros con la sombra*, Editorial Kairós, 1993, capítulo «La anatomía del mal». Autor John C. Pierracos, pág. 74.

observar y de esta forma cambiarlos. En BioNeuroEmoción, este es un paso importante para que el paciente pueda verse sin vergüenza y al aceptar la emoción la puede cambiar. A este proceso le llamamos «encontrar el recurso».

Cuando tomamos conciencia de todo ello, ya no pretendemos eliminar los síntomas, porque eso querría decir que no somos nosotros los que los provocamos. Comprendemos que los síntomas permanecen en la medida en que queremos que desaparezcan. Aquí reside la tan famosa atracción. Aquello a lo que te resistes permanece, aquello que aceptas desaparece. Más simple no puede ser.

Cuando asuma la responsabilidad de mis propias emociones, entonces estaré a punto de invertir la proyección. Por ejemplo, si me siento herido por lo que dice o hace una persona, comprendo que el mismo sentimiento de ser herido es el mismo sentimiento de herirle.

Por lo tanto, primero tenemos que darnos cuenta de que aquello que creemos que viene del exterior viene en realidad de nuestro interior y lo estamos atrayendo a nuestras vidas. Si permito que me atormenten, lo invierto y veo el deseo que tengo de atormentar a los demás.

Por el contrario, si me odio, debo proyectar este odio al exterior y ver en realidad dónde no lo quiero proyectar. Esto me ocurre diariamente en mi consulta. Cuando le pido al paciente que exprese su resentir oculto, la «bilis negra», como la llamo, muchas veces este lo proyecta hacia sí mismo. Es el deseo oculto de no hacer culpable de su desdicha a su padre, a su madre o a cualquier otra situación. La sombra no le permite, por ejemplo, odiar a un ser querido, y entonces se odia a sí mismo.

Muchas veces proyectamos las cualidades que vemos en los demás, aquellas que nos afectan profundamente, y la característica principal es que siempre son las opuestas de aquellas que creemos poseer.

Una de las maneras que tenemos de proyectarnos es a través de las relaciones. Formamos pareja o equipo con personas que son en apariencia lo opuesto a nosotros. En realidad nos complementamos como la metáfora del «poli bueno» y del «poli malo».

Quizás hay algo de verdad en aquel refrán que nos dice que nos casamos con la persona que tiene los aspectos que nos hemos negado a desarrollar. Victima y victimario, introvertido y extravertida, creyente y ateo, reservada y hablador, sumiso y agresiva.

En la mayoría de las ocasiones la persona a la que amamos tiene los rasgos y las características de nuestra sombra. Nunca nos enamoramos por aquello que creemos, más bien por aquello de lo que no somos conscientes.

No debemos caer en la trampa de creer que todo lo que nos altera es una proyección. No debemos ser simplistas en esto; sentir emociones negativas y desagradables frente a un hecho que los justifique, como puede ser una agresión, una violación nos permite realizar acciones contra las que debemos oponernos o simplemente actuar.

Nuestro trabajo con la sombra y su proyección consiste en darnos cuenta de qué es una proyección y qué es simplemente una información. La primera es la que nos permite actuar en nosotros mismos y la segunda es la que nos permite actuar frente a los demás mediante nuestro rechazo u oposición.

La proyección de la sombra en la mujer se manifiesta por la gran carga que lleva, memorias de abusos y violaciones, dolor y sufrimiento. Todo ello sin poder expresarse y guardado en la memoria ancestral. Es la hora de que se dé cuenta de su sombra, cuando vea en el hombre el reflejo de sí misma. Cuando la violencia de este sea la expresión de este arquetipo formado a lo largo de centenares de años.

Esta violencia que recae sobre ellas es la manifestación de no amarse a sí mismas, de no respetarse. Es la expresión de la violencia que tienen contra ellas mismas, fruto del inconsciente familiar y colectivo.

La mujer ha sido relegada como algo secundario y esto se ha anclado en la psique como «no ser merecedora». Es hora de romper este yugo tomando conciencia de que esta manera de proceder no le pertenece. Al liberarse ella, libera al inconsciente femenino. La mujer se expresa a sí misma en sí misma.

La proyección de la sombra en el hombre se manifiesta como un dolor profundo por no expresar sus sentimientos. Esta frustración se manifiesta en la forma de violencia. Frases tan lapidarias como: «Llora como una mujer lo que no has sabido defender como hombre», son altamente provocadoras de violencia tanto interior como exterior. El hombre tiene que respetar y manifestar su parte femenina para poder liberarse de tamaña carga: la de ser fuerte frente a todos los acontecimientos de su vida. El hombre ha sido guerrero en mil batallas ancestrales que su psique arrastra. Se siente en la obligación de luchar o morir, de proteger a la dama desvalida como caballero andante, cual caballero de la tabla redonda del rey Arturo.

Ambos arquetipos, aunque aparentemente diferentes, arrastran la misma frustración: la de no mostrar ninguna emoción, la de ser impertérrito contra todo los sucesos, por muy dolorosos que sean.

Uno de los propósitos fundamentales de la proyección es deshacerse de la culpabilidad. La culpabilidad es una de las emociones más oxidativas, la que más se instala en el cuerpo. Quizás debamos buscar el origen de tan grandiosa fuerza en el inconsciente colectivo. En él encontramos un sinnúmero de referencias a la culpabilidad, a cuan culpables que somos y a las penas más inimaginables que podemos llegar a padecer si previamente no nos sentimos culpables y tengamos que pedir perdón por ello.

Experimentamos culpabilidad y no sabemos muy bien por qué. Así lo hemos aprendido y así lo enseñamos. De pequeños ya nos dicen qué es lo que está bien y qué es lo que está mal. Y si haces lo que está mal, entonces no te quieren o no eres aceptado por los demás. Llega un punto en el que creemos que somos los culpables de las desgracias de los demás y nos negamos a ser nosotros mismos para no hacer daño a nadie. Ser consecuentes con nuestros pensamientos y sentimientos nos puede llevar a ese sentimiento de culpabilidad, sentimiento paralizante y oprimente que escondemos con conductas y caras agradables a los ojos de los demás.

La paranoia es una manera de proyectar en los demás aquello que no queremos reconocer en nosotros. Es una forma de desplazar la ansiedad y la culpabilidad. Acabamos atribuyendo a nuestros enemigos lo que rechazamos de nosotros mismos. Medio mundo ve la culpa de sus males en el otro medio.

Una de las funciones principales de la mentalidad paranoica es la de proyectar la culpa en los demás de todos nuestros fracasos y sufrimientos. Siempre estamos inventando excusas para odiar y deshumanizar a nuestros semejantes. La paranoia tiene como característica que una persona o un grupo de personas tienen la justicia y la verdad, mientras que las demás son «los malos». De esta manera nos liberamos de la culpabilidad de castigar a estas personas, en nombre de Dios o de vete a saber qué razón. Creemos que estamos haciendo lo justo al liberar al mundo de esta manera de pensar, hacer o decir las cosas. Construimos *ejes del bien y ejes del mal*; nos convertimos en salvadores de la patria en nombre de la unidad. Unidad que solamente sirve a los propósitos de unos cuantos a costa de la libertad de los otros.

Si queremos realmente la paz, debemos empezar por cuestionarnos nuestra percepción, ver cómo negamos y proyectamos en los demás nuestro propio egoísmo, nuestra crueldad, nuestros celos, en definitiva nuestros miedos. Debemos recuperar nuestra sombra; para ello debemos ver la inocencia de los demás para que podamos recuperar la nuestra. Solamente dando es como realmente poseemos.

La culpabilidad ejerce una atracción. No hay nadie que no crea que sintiéndose culpable puede liberarse del problema. El miedo alimenta esta atracción. ¿Por qué nos sentimos culpables? ¿De qué tenemos miedo? Solo el egoísmo puede responder a estas preguntas, él es la firme creencia de que «sin el otro, no tengo». El miedo busca relaciones donde la culpabilidad sea el nexo de unión y así permanecemos unidos a la carencia y a la falta que toda relación basada en la culpabilidad provee.

No nos olvidemos de que el ego determina lo que está bien y lo que está mal desde el punto de vista de sus propios intereses, tampoco debemos olvidar que la sinceridad constituye la mejor defensa contra el verdadero mal y que dejar de mentirse es uno de los mejores recursos para estar en coherencia con uno mismo. Esto nos lleva al estado de salud tan deseado.

Recuerdo el caso de una clienta mía: andaba coja, con problemas en la rodilla y en el pie derecho. En BioNeuroEmoción lo explicamos como estar sometido a un poder y que el inconsciente se resiste. Después de estudiar su árbol vimos que ese poder era la promesa que le hizo a su madre (o quizás sería mejor decir la promesa que se sintió obligada hacerle a su madre) de que cuidaría de sus hermanos pequeños y sobre todo de aquel que tenía problemas mentales. En ese momento, cumplir con esa promesa le había llevado a una situación insostenible, tener que «aguantar» a su hermano que tenía un par de hijos y que vivían en su casa. Ella no tenía pareja ni vida propia, estaba fuera de coherencia y cuanto más tardase en encontrar una solución, más complicado sería todo y su enfermedad empeoraría.

Cuántas veces he tenido que hacer la siguiente reflexión a mujeres con graves problemas de relaciones conyugales: «¿Te ves envejeciendo al lado de esta persona?» Muchas, con cara de circunstancias, me dicen que no, entonces mi siguiente reflexión es: «¿No crees que estás perdiendo el tiempo? ¿Tú crees que no te mereces algo mejor, alguien que te quiera, que esté a tu lado, que comparta su vida contigo, alguien con quien compartas objetivos comunes? No olvides —les digo— que si quieres algo nuevo tienes que soltar lo viejo, bendecirlo, liberarlo, integrarlo. Entonces ya estás preparada para lo que tenga que acontecer».

Como veremos ahora, el elemento que más te atrae de tu compañero o compañera suele ser más tarde el elemento motivo de conflicto. Por eso, las preguntas que también les hago es: «¿Qué crees que es lo que te hizo especial a sus ojos? ¿Qué crees que es lo que te atrajo de él o de ella?».

Las relaciones de pareja deben buscar el equilibrio entre las necesidades individuales y las necesidades de la relación. Caer en los opuestos es caer en la creencia de vivir las necesidades del otro por un lado y por el otro vivir la propia vida al margen de la pareja. Aquí tenemos el típico problema de adicción emocional, donde lo normal es que la mujer viva la vida de su marido y él casi siempre está ausente.

Interesantes son las relaciones tipo «enredadera». Personas que se apoyan en los demás creando un vínculo de necesidad y de ser merecedoras. Personas que siempre necesitan el apoyo de los demás y pueden enumerar un montón de razones para justificar sus demandas, y si los demás no les dan estos apoyos, entonces esas son personas malas. Estas personas tipo «enredadera» tienen que enviar a la sombra cualidades como la sinceridad y el valor, mediante un trabajo de tomar consciencia de que normalmente se muestran débiles y poco eficaces, viven en el «¡ay, pobre de mí!». Interesante es estudiar qué programas han heredado de sus ancestros y ver dónde se encuentra este programa de victimismo.

Por todo ello, la liberación de la sombra es un proceso muy importante para la liberación de programas que nos mantienen maniatados a conductas muy nocivas para nuestra salud. Veámoslo:

Cómo aprender de la sombra

Existen varios métodos bastante eficaces de conocernos a nosotros mismos mediante el estudio y la proyección de la sombra.[150]

- El primero sería **solicitar el feedback de los demás**, sobretodo de nuestra pareja, hijos y amigos auténticos. Nos resulta bastante fácil ver la sombra de los demás, y hasta nos resulta sorprendente que ellos no la vean. En mis consultas grupales, cuando les pido a mis pacientes que expresen su emoción oculta, estos se quedan como si no tuvieran palabras, parece como si estuvieran en otro planeta. Entonces sé con toda seguridad que están frente a su sombra y el último paso que les queda es reconocerla y aceptarla y entonces expresan esa emoción oculta y reprimida. La emoción que nuestro inconsciente familiar no nos permite expresar. Los demás clientes ven con facilidad lo que no se atreve a expresar la persona en cuestión, y cuando les toca ellos, se encuentran en una situación parecida y me dicen: «Mira que se ve fácil en los demás». Mi respuesta es obvia: «Precisamente uno de

150 William A. Miller, el descubrimiento de la sombra en la vida cotidiana, capítulo 6 de *Encuentro con la sombra. El poder del lado oscuro de la naturaleza humana*. Edición a cargo de Connie Zweig y Jeremiah Abrams, Editorial Kairós, 1991. Traducción de David Gonzáles y Fernando Mora.

los objetivos que persigue la consulta grupal es esto: ver en los demás aquello que no somos capaces de ver por nosotros mismos, creando una especie de sinergia, cuando uno se libera, que permite y facilita la liberación de los demás».

Cada vez que respondemos exageradamente «a favor» o «en contra» de algo y nos mantenemos inflexibles en nuestra actitud, existen sobradas razones para sospechar que nos hallamos en territorio de la sombra y que haríamos bien en investigar. (William A. Miller).[151]

Si, por ejemplo, descubro que mi amiga dice mentiras y esto me afecta de gran manera y me siento profundamente engañada, puedo tener muy claro que estoy proyectando mi sombra. Me puede molestar que mi amiga o amigo me haya mentido, pero hay una gran diferencia entre saber que me ha engañado a mostrar mi ira y mi resentimiento porque lo haya hecho.

No hay que caer en la simplicidad de que todo son proyecciones. Hay razones justificadas para experimentar odio y todo tipo de sentimientos negativos. La violación, el asesinato y el genocidio, por ejemplo, justifican nuestra rabia y las acciones que se derivan de todo ello. Por ello, nuestro trabajo con la sombra es descubrir las proyecciones que hacemos sobre los demás y lo que no nos pertenece directamente, como son los acontecimientos sociales. En todo caso, a estos tendríamos que estudiarlos en un contexto del inconsciente más amplio.

- Analizar **nuestras propias proyecciones.**

  Debemos buscar aquellos rasgos y características que más odiemos, aborrezcamos y/o despreciemos, nos mostrarán al detalle y de una forma fidedigna nuestra propia sombra personal. Cuando nuestra crítica sea desproporcionada o excesiva frente a alguien o a algún acontecimiento, podemos

151 Pág. 1 del artículo.

estar seguros de que algo inconsciente se está moviendo en nosotros.

Una buena forma de hacer terapia es hacer una lista de todos los rasgos que más odiemos y aborrezcamos de tal o cual persona. Por más difícil que nos resulte creerlo, esta lista nos mostrará una imagen fiel de nuestra propia sombra.

Obviamente, también se puede hacer una lista de las cualidades positivas. Las cualidades positivas que muchas veces vemos en los demás son aquellas que no reconocemos en nosotros mismos.

¿Qué rasgos o características te molestan más de tu pareja, de tu mejor amigo o amiga? Aquí es donde tienes una oportunidad de conocerte. Este es uno de los consejos que les doy a las personas que tienen problemas de relación con sus parejas. Muy a menudo ocurre que la víctima se une al victimario, el introvertido a la extrovertida, la ordenada al desordenado, el controlador a la despreocupada, etc.

Una vez una clienta (y ahora amiga) me dijo: «Quiero separarme de mi marido porque es muy desordenado», y yo le comenté: «Si le pregunto a tu marido qué es lo que piensa, estoy seguro de que me diría: "mi mujer no me deja vivir con su puñetero orden"». Le hice la siguiente reflexión: «¿Quién tiene razón?».

Otro ejemplo de lo que estoy exponiendo es que la mejor manera de ser como alguien es decir la archiconocida frase: yo nunca seré como mi madre, mi padre, etc. Esta es la mejor manera de ser como él o ella. Lo que ocurre es que no lo vemos así, pues estas características las hemos desplazado a nuestra sombra. Hemos tenido una madre distante, poco cariñosa, y nosotros somos unos padres sobreprotectores, hasta tal punto que no dejamos respirar a nuestros hijos. Nosotros tenemos una carencia afectiva visto en negativo y nuestros hijos tienen una carencia vista en positivo, o lo que es lo mismo, nosotros tenemos un exceso de negativo y nuestros hijos un exceso de positivo y el resultado al final es el mismo: la búsqueda compulsiva de cariño.

Las situaciones conflictivas son un marco ideal para la proyección de nuestra sombra, ya que lo que censuramos a nuestros «enemigos» no es más que una proyección de nuestra oscuridad.

Los amantes proyectan uno sobre el otro las cualidades positivas, pero lo cierto es que el grado que percibe el amante es muy diferente del que realmente es. Cuando nos quedamos enganchados con una cualidad positiva de otra persona podemos proyectar sobre ella todo tipo de cualidades positivas.

- Examinar **nuestros lapsus**.

  La sombra es aquella parte que queremos ser, pero que no nos atrevemos a ser, y los lapsus son manifestaciones de ella. Justificaciones como: «Esto es lo último que hubiera querido hacer o decir», decir cosas de las que no eres consciente y los demás te lo dicen y tú lo niegas. En terapia ocurre muchas veces, hacer preguntas al paciente hace que se pongan en marcha sus defensas psíquicas. Después de mucho insistir en la pregunta, al final suelta un frase que es claramente el conflicto que debemos tratar, y cuando se lo haces ver, rápidamente entra en justificaciones e intenta convencerte de que lo que acaba de decir no es lo que quería decir.

  Hay también lapsus de conducta, personas que hacen cosas que nunca llegaron a pensar que algún día podrían hacer. Expresiones como: «¡Si esto era impensable para él!, ¡jamás le había visto actuar así!», etc.

  Podemos justificarlos, razonarlos y hasta darles una explicación psicológica o simplemente negarlos. No deberíamos desperdiciar estas magníficas oportunidades que nuestra sombra nos da.

  También están los lapsus en los que nos presentamos de una manera diferente a como pretendemos. Alguien se quiere mostrar simpático frente a su concurrencia y se queda atónito cuando le dicen que estuvo muy sarcástico. Una mujer que es (o cree ser) muy recatada y tímida en una fiesta y no es consciente de su propio coqueteo, y se siente molesta por el acoso de los hombres que hay en esa fiesta.

- Nuestro sentido del **humor.**
  Es una magnífica manera de darnos cuenta de hasta qué punto tenemos a la sombra maniatada. Las personas que carecen de sentido del humor, que se divierten con muy pocas cosas, son personas que reprimen su sombra. Tienen miedo a mostrarse, a ser ellos mismos.
  Recuerdo que una cliente vino a verme porque hacía tres meses que su marido había muerto y para hablar de su hija con síndrome de Down. Durante la consulta y haciendo y estudiando su árbol transgeneracional, ella descubrió por qué le había costado tanto quedarse embarazada y además por inseminación artificial. Se dio cuenta de la carga familiar, tanto por parte de la familia de su marido como por su familia, había tal cantidad de conflictos entre padres e hijos que el Inconsciente Familiar les impedía tener hijos. En un momento determinado le interpreté qué podría haber acontecido antes de que su hija vinera a este mundo. Le dije sonriendo: «Tu hija es tan inocente y es un alma tan pura que me la imagino en una hilera con otras almas y se les pregunta a todas quién quiere ser el voluntario para ser hija de esta familia, y todos los demás dieron un paso atrás y tu hija se quedo sola y por lo tanto era la voluntaria».
  Las risas que siguieron después de esta interpretación fueron tan grandes y duraron tanto tiempo que al final ella me dijo: «No sé si fue así o no, pero gracias, hacía mucho tiempo que no me reía así». Ese momento mágico fue la liberación de la sombra. Cuando aceptamos la sombra, todo se equilibra. El chiste nos libera de la sombra, aquellos aspectos considerados como tabúes, como el sexo, el dinero, las palabrotas, los actos obscenos, las posturas ridículas, el

cotilleo, etc. Mediante la risa y el humor canalizamos todas estas energías reprimidas por el **súper ego**, el que controla la imagen exterior, lo que llamamos **persona** (en griego quiere decir 'máscara'). La persona que no tiene sentido del humor es una persona reprimida, una persona que quiere controlar en todo momento lo que sucede a su alrededor y sobre todo quedar bien con todo el mundo. Personas que censuran los chistes, que no les ven la gracia. Nos reímos del infortunio de los demás, de las caídas, del ridículo, todo ello es una salida a nuestro sadismo reprimido.

En nuestras consultas grupales, como es normal, se tocan temas importantes. Una de las formas de entrar en el inconsciente rápidamente es hacer la consulta entre risas y bromas. Trivializar el problema hace que este tenga menos impedimentos en mostrase.

- Qué tal las **fantasías y los sueños.**

  Cuando tenemos nuestra mente divagando, sin pensar en nada, las fantasías de sexo, violencia, sadismo, riqueza, poder, etc., se pueden presentar en cualquier momento mediante ensoñaciones de que conseguimos aquello que es imposible. Son manifestaciones de nuestra sombra cuando nuestra mente no se halla ocupada.

  Por consiguiente: ¿qué pensamos cuando no estamos pensando en nada? ¿Dónde va nuestra mente? Nuestros ensueños y nuestras fantasías pueden ser tan extrañas y contrarias a nosotros que pueden resultar hasta aterradoras.

  Obsérvemoslas, integrémoslas y será un camino magnífico para nuestro autoconocimiento.

Conviértete en Observador

«El Universo no nos juzga; solo nos provee de consecuencias y de lecciones y de oportunidades para equilibrarnos y aprender a través de la Ley de la causa y el efecto. La compasión nace del reconocimiento de que cada uno de nosotros lo está haciendo tan bien como puede dentro de los límites de nuestras creencias y capacidades actuales. Que yo alimente a los hambrientos, perdone un insulto y ame al enemigo, estas son grandes virtudes. Pero si tuviera que descubrir que el más pobre entre los mendigos y el más imprudente entre los ofensores están todos dentro de mí, y que yo sobrevivo necesitando las limosnas de mi propia caridad; que yo mismo soy el enemigo que tiene que ser amado ... ¿Entonces qué?»[152]

Carl G. Jung

¿Por qué, amigo lector, te invito a que te conviertas en Observador y dejes de ser un simple observador?

Según una investigación de 1998 titulada «La demostración de la teoría cuántica: la observación afecta a la realidad» de *Weizmann Institute of Science de Israel*, cuanto más se observan las partículas, más tiempo se ven afectadas por el Observador, en una clara rela-

152 Carl Gustav Jung, http://www.frasesdealma.com.

ción proporcional a la capacidad de concentración de la persona que observa.[153]

Este experimento nos dice que centrando nuestra atención y manteniéndola más tiempo es posible mantener al mismo tiempo el estado de la realidad que deseamos fijar.

Si la realidad es precisamente la respuesta a las preguntas o actitudes que tenemos en la mente y esa respuesta está al final de una larga cadena de recuerdos, percepciones, sentimientos, emociones y observaciones, entonces no se tratará tanto de cómo alterar la realidad, sino de preguntarnos por qué mantenemos siempre la misma realidad.

Cuando comprendes que detrás de tu historia hay otra historia, cuando comprendes que tu percepción está totalmente mediatizada por creencias, tabúes, herencias de tus ancestros, estados emocionales de tus padres cuando eras pequeño... entonces se hace necesario hacer las paces con esa otra historia, ello exige que la busquemos, que la identifiquemos, que la aceptemos para integrarla y así poder liberar todo dolor y todo el sufrimiento que pasamos, que estamos viviendo, y liberar el miedo al futuro.

Cuando somos capaces de observar nuestros traumas sin identificarnos con ellos, cuando los observamos sin juicio alguno, cuando comprendemos que somos nosotros que atraemos las circunstancias que vivimos, que el Universo es participativo, que de alguna forma siempre estás interaccionando contigo mismo, entonces, ¿qué hacemos?

El cambio que proponemos a lo largo de este libro es muy simple, o vives la vida como un accidente, lleno de cosas aparentemente inconexas, o vives la vida como un todo interconectado y en un estado de potencialidad pura.

---

153 El arte de concienciarte: ciencia y física cuántica para impulsar tu vida. Finisterre ediciones. Webs de los autores: Conciencia y emociones. Doctor Adalberto Pacheco y doctora Begoña Carbelo. http//concienciayemociones.blogspot.com.es.

Cuando te conviertes en Observador, cuando tomas distancia emocional con respecto a las cosas que ocurren a tu alrededor, lo primero que percibes es que las sensaciones físicas son muy diferentes a cuando las vives plenamente identificado con ellas.

El Observador llega a comprender que aquello que ve siempre es una interpretación, por eso se hace imprescindible sanar a esta.

Para sanar esta historia debemos reconocer qué experiencias nos ha aportado, qué sentido tiene, qué sabiduría nos aporta. Cuando empiezas este camino, empiezas a tener paz interior, ella te permite liberarte de miedos ocultos y te abre a las puertas para desarrollar tus deseos.

Una joven le pregunta a una anciana: «¿Cómo se convierte uno en mariposa?». La anciana, con un guiño en el ojo y una gran sonrisa, le responde: «Tienes que tener tantos deseos de volar que estés dispuesta a dejar de ser una oruga».[154]

¿Cuán dispuesto estás a dejar tu «capullo»? ¿Cuán dispuesto estás a liberarte de las ataduras que se ven reflejadas en relaciones adictivas, destructivas...? ¿Cuán dispuesto estás a empezar una nueva vida sin mirar atrás, sin dejar de huir, sabiendo que cada instante de tu vida es una nueva oportunidad para liberarte de tu vieja historia? ¿Cuán dispuesto estás a dejar de ser víctima de las circunstancias y a empezar a ser maestro de ellas?

El Observador comprende que puede leer miles de libros de autoayuda, estar sentado frente a un gurú, frente a un maestro, tener multitud de pensamientos positivos, pero que esto no sirve de nada si no acepta que lo que hay que hacer en la vida es vivirla, pasar a la acción, que uno es el único responsable de todo lo que le ocurre, que uno es el único que se puede ayudar a sí mismo y que es el único que tiene que cambiar.

El Observador sabe que la mente no para nunca, está llena de pensamientos de todo tipo, es rápida, le falta tiempo para emitir

---

154 Debbie Ford, *El secreto de la sombra*, Ediciones Obelisco, 2012, pág. 121, «Cómo reconciliarte con tu propia sombra».

un juicio, le falta tiempo para culpar o para culparse, es repetitiva, reiterativa, hasta puede llegar a ser obsesiva. Lo que la mente pretende es llamar la atención, hacerte vivir programas internos de tu inconsciente, mantenerte ocupado en nimiedades y convertirlas en grandes problemas. Te mantiene atrapado.

Cuando observas tu mente, cuando observas tus pensamientos, cuando le preguntas a esta «¿qué es lo que quieres?», entonces empieza a aquietarse, sabe que no vas a morder el anzuelo. El Observador toma plena conciencia de que él no es la mente, de la misma forma en que él no es el cuerpo. Entonces empieza la liberación interior.

Tú puedes pensar lo que tú quieras pensar. Deja de pensar que los pensamientos son tuyos y comprende que de alguna manera alguien los puso allí y entonces serás pensado por todos ellos. Tú y solo tú decides a qué quieres prestar atención.

> *Vive tus pensamientos, evita que tus pensamientos vivan en ti.*
>
> Enric Corbera

La Percepción

He leido más de una vez:

> *La proyección da lugar a la percepción. Es el testimonio de tu estado mental, la imagen externa de una condición interna. Tal como el hombre piense, así percibirá.* [155]

Esta reflexión fue un auténtico estallido en mi mente cuando entró en mi sistema de pensamiento, sencillamente revolucionó mi vida. Cambió literalmente mi vida. Ya nada volvió a ser como era.

155 UCDM C-21.I.1:5.

La realidad de las cosas y de mi vida cotidiana desapareció por completo. Comprendí que si yo podía ver las cosas de una manera, simplemente las podría ver de otra. Esta verdad me perturbo hasta tal punto que la vida se convirtió en un camino para conocerme y saber cuál era mi estado mental. Lo podía saber gracias a la forma en que yo interpretaba al mundo y por fin sabía que el mundo se ve con multitud de ojos y que la verdad que subyace detrás de él no está en él, sino en nuestro interior.

No es una cuestión de cambio de conducta, sino de mentalidad. Desear ver las cosas de otra manera te lleva a un estado mental que hace posible el «milagro» de verlo y de sentirlo. Ya tienes la posibilidad de no ser esclavo de tus ideas. La mente que las concibe, la puedes utilizar para esclavizarte o para liberarte. Esta es, posiblemente, una de las verdades que te hace libre.

El mundo se convierte en la pantalla en la cual nos podemos proyectar y poner de manifiesto todo aquello que no podemos ver en nosotros mismos. Cada circunstancia que nos rodea es una oportunidad de decidir quién queremos ser con relación a ello y tenemos la oportunidad de renunciar a cualquier cosa.

La filosofía de Jung nos enseña algo parecido a través de lo que él llama «complejos». Estos son contenidos autónomos con tonalidad emocional pertenecientes al inconsciente personal que normalmente se forman mediante traumas o daños psíquicos.[156]

Estos contenidos autónomos se manifiestan en nuestras vidas como situaciones dramáticas, golpes de suerte inesperados, amigos que nos solucionan la vida, personas brillantes e influyentes, etc. Vienen a ser situaciones que nos permiten tomar conciencia de nosotros mismos y tener la oportunidad de liberarlos, mejor dicho trascenderlos, para que de esta manera podamos llegar a la integración de nosotros mismos, a la integración de todas nuestras

156 Robin Robertson, *Introducción a la Psicología Junguiana*, Ediciones Obelisco, 2002, pág. 43.

partes, que están divididas en personalidades, subpersonalidades y arquetipos de todo tipo, que están condicionando nuestra vida.

Carl Gustav Jung llama a este proceso «individuación», que consiste en sustentar los contrarios que se albergan en nuestro interior.[157]

Con esta conciencia, la percepción se convierte en un instrumento maravilloso para conseguir la integración. Al principio este proceso nos parece doloroso. Eso es normal, aprendemos que aquello que vemos, aquello que juzgamos, somos nosotros mismos. Una vez sobrepasada esta etapa, que consiste sobre todo en el no juicio, entonces, y solamente entonces, el no juzgar toma pleno sentido en nuestras vidas. Ya sabemos que lo que juzgamos es una condición interna que se manifiesta en una condición externa que llamamos nuestra vida.

En BioNeuroEmoción, cuando aplicamos esta forma de ver y entender la vida, se abre un abanico de posibilidades de sanación de nuestras emociones. Podemos liberar el «resentir» que anida en nuestra psique y que tan grandes destrozos produce en nuestras vidas en forma de acontecimientos dolorosos y enfermedades.

Quizás no tengas claro a qué me refiero con el término «emoción oculta». Me refiero a los sentimientos y emociones largamente reprimidos por las reglas de comportamiento rígidas e inflexibles, por las creencias de nuestros padres, los tabúes de nuestra civilización, las creencias religiosas de lo que está bien y de lo que está mal. A todo aquello que ha «castrado» nuestra vida y nuestra libertad exterior.

Todas estas emociones y sentimientos han sido desterrados al inframundo del inconsciente, no se quedan allí hasta el fin de los tiempos, sino que regresan para agobiarnos y hacernos, por fin, sinceros con nosotros mismos.

---

157 Ibid. *Encuentro con la sombra*, Editorial kairós, 1993, cap. 37, pág. 3. La utilidad de lo inútil por Gary Toub.

En los evangelios perdidos y a su vez hallados en Qumran y en el valle de Nag Hammadi encontramos unos relatos de Jesús extraordinarios y que de alguna forma hacen referencia a lo expuesto anteriormente:

> *Jesús dijo: «No mintáis y no hagáis aquello que os disgusta hacer, pues todas las cosas están abiertas ante el cielo. Pues no hay nada oculto que no será revelado y no hay nada que esté cubierto que no dejará de ser descubierto».*[158]

Este escrito deja muy claro la necesidad de ser coherentes con nosotros mismos cuando en nuestras vidas aparezcan situaciones que nos desagradan y nos causan dolor, desazón, ansiedad, angustia, etc. Son situaciones que nos muestran nuestra falta de coherencia con nosotros y, por ende, con nuestro prójimo.

Una relación honrada con nosotros mismos es mucho más importante que seguir las reglas exteriores. El mismo Jung hace énfasis en lo mismo al explicar en su filosofía de la individuación la necesidad que tiene el individuo de descubrir su propio código moral autentificado interiormente.

Después de todo, cuando aplico a mi vida esta manera de vivir, me doy cuenta de que ya no hay que sufrir para aprender. Ya no somos impotentes ante lo que nos sucede y ante lo que nos hacen. Todo es un reflejo de nuestro interior, y la percepción, así sanada, nos permite rectificar simplemente cambiando nuestra forma de pensar y de ver el mundo.

El mismo Albert Einstein decía lo mismo, más o menos (escribo de memoria):

---

158 Stephan A. Holler, *Jung y los evangelios perdidos*, Editorial Obelisco 2005, pág. 226.

> *Si no te gusta el mundo que ves, debes saber que no lo puedes cambiar. Cambia el pensamiento sobre él y tu universo cambiará.*

Por lo tanto, la percepción que procede de la proyección da lugar a la elección. Aquí reside nuestra libertad tan buscada, en elegir entre aquello que creemos ser y aquello que realmente somos, en tomar conciencia de que la «persona» que creemos ser debe desaparecer para mostrarnos tal como queremos ser. Debemos vivir aquello que negamos para poder elegir correctamente.

En los evangelios perdidos encontramos estas frases tan iluminadoras de Jesús:

> *No es posible que nadie vea nada de estas cosas que son verdaderamente reales, a menos que se conviertan en ellas. No es esta la forma con los que están en el mundo: ven el sol sin ser el sol y ven el cielo y la tierra y todas estas cosas, pero no son esas cosas. Esta es la verdad de la materia. Tú, sin embargo, viste el espíritu y te convertiste en espíritu. Tú contemplaste a Cristo y te has convertido en Cristo. Tú contemplaste al Padre y te convertirás en el Padre. En consecuencia, en este mundo lo ves todo, pero no te ves a ti mismo. Por eso, aquello que ves es aquello en lo que seguramente te convertirás.*[159]

Tal vez sea John Wheeler, profesor emérito de la Universidad de Princeton y colega de Einstein, el que mejor expresa la interacción con el Universo: «Es posible que vivamos en un mundo que ha sido hecho por la conciencia misma, un proceso al que él llama Universo participativo. Según este principio participativo

---

159 Stephan A. Hoeller, Evangelio de Felipe, *Jung y los evangelios perdidos*, Ediciones Obelisco, 2005, pág. 251.

no podríamos ni siquiera imaginar un Universo que no contuviera observadores en alguna parte o durante algún periodo de tiempo, porque estos actos de observación-participación constituyen los materiales de construcción de lo que está hecho el Universo.[160]

Encontrarme en la vida cotidiana

Darme cuenta de que hasta ahora he estado asignando papeles a todos los que me rodean, como vulgar guionista de una película. Película que quiero que sea como a mí me gustaría que fuera y, por lo tanto, todo aquel que no sigue mí guión merece desaparecer.

Cuando me invade la ira, por ejemplo porque alguien no está llevando la función que yo le había asignado. Esta es una maravillosa oportunidad de conocerme, de ver qué hay detrás de ese estallido emocional.

Otra manera de encontrarme a mí mismo es en el trabajo. La pregunta importante que debo hacerme es «¿Cómo trabajo?»; dejo de lado mi tiempo libre, mi intimidad, mi familia y convierto el trabajo en mi razón de vivir. ¿Vivo para trabajar o trabajo para vivir y realizarme?

Todo lo que es exagerado en la vida de uno es la manifestación de un conflicto interior, y en este caso hay una gran desvalorización. Valgo por lo que hago y/o aparento ser o hacer. Aquí está la clave de conocerme.

¿Cómo vives tu sexualidad? ¿Cómo la expresas? Aquí tienes otra oportunidad de conocerte, de saber qué represiones te han inculcado, qué tabúes, maneras y formas de expresar esta pulsión tan biológica. Te permite conocerte a través de con quién y de qué manera la expresas.

---

160 Gregg Braden, *La matriz divina*, Editorial Sirio, octubre de 2012, pág. 59.

Hay muy pocas personas que puedan disfrutar de la sexualidad de la misma forma que disfrutan de una buena comida.

La sexualidad debe ser un camino para amarnos a nosotros mismos a través de una experiencia corporal al amar a otras personas.

El erotismo vendría a ser como los ingredientes que añadimos a un plato exquisito, es la manifestación de sensaciones en algo. Es la expresión de mi ser interior, de la misma forma en que lo hace un pintor, un cocinero o simplemente un artista. Es el arte de experimentarse a uno mismo mediante formas u objetos que alimentan y estimulan la sexualidad. Vendría a ser la diferencia entre comerse un plato de arroz y comerse una paella.

En mi relación con el otro, quién soy o quién quiero ser y no soy. Soy sumiso, dictador, prepotente, altanero, megalómano. Soy una víctima, soy un victimario, soy responsable o irresponsable, un payaso o un depresivo. Me lamento constantemente o siempre me pongo delante de las situaciones para solucionarlas. Todas estas cuestiones y muchas más me enseñan quién soy realmente.

Me molestan ciertas cosas, actitudes, creencias, ritos, costumbres, etc. Aquí tenemos otra oportunidad de ver nuestra inflexibilidad mental.

Me irrito si las cosas no son como deberían ser. Aquí tengo otra oportunidad de ver mi perfeccionismo y mi exigencia.

Si me quedo «enganchado» a una cualidad positiva de alguien, puedo ver claramente el aspecto que rechazo en mí mismo. Una pareja de enamorados dice lo mismo el uno del otro: «Es que es perfecto/a, cómo es posible que esté enamorado/a de mí».

Proyecto mi «santidad» en una imagen o ídolo. Doy el «poder» a algo que es externo a mí porque no reconozco ese poder en mí. Carl Gustav Jung llamaba a este proceso «el oro de la sombra».

También puedo conocerme a mí mismo cuando tengo conductas que normalmente no tengo. Puedo dar la excusa de que había bebido demasiado, de que me dejé llevar por la emoción de los que me rodeaban, por el momento, por la situación, por la compañía. Todo está bien, pero es otra oportunidad de conocerme en el exterior.

En general, cuando respondemos de una forma exagerada a favor o en contra de algo o de alguien y nos mantenemos inflexibles en nuestra actitud, tenemos sobradas razones para pensar que nos estamos viendo a nosotros mismos.

Siempre deberíamos preguntarnos «¿Qué es lo que busco fuera?», «¿Cuáles son mis sueños, mis anhelos?». Y esto precisamente es la cualidad que está en tu interior que desea expresarse y mostrarse.

Nunca deberíamos olvidar que todo lo que nos rodea es una manifestación de lo que hay dentro de nosotros en un momento determinado y que cada uno es un espejo en el cual vemos reflejadas las diferentes partes de nuestra personalidad. ¿Con qué personas te encuentras más cómo, de quién te rodeas, quiénes son tus amigos?

Cuanto más consciente sea de todo ello, más fácilmente podré controlar mis emociones y no dejarme llevar por ellas. Puedo controlar mi enfado y decidir mostrarlo o no. También puedo mostrar mi enfado, pero sin dejar que haga mella en mi cuerpo, sencillamente haciéndolo consciente y expresándolo sin que la emoción me domine.

Se trata de una represión consciente de mi enfado y no de una represión inconsciente de él. Que a la larga o a la corta se acabará mostrando como un síntoma físico.

Con un poco de entrenamiento uno se da cuenta del momento del estallido y puede transferirlo, conscientemente, y transformarlo sin dañar y sin dañarse. Simplemente te muestras auténtico.

Jung una vez hizo la siguiente afirmación: «Prefiero ser un individuo completo antes que una buena persona».[161] En una entre-

---

161 John A. Sanford, «Lo que sabe la sombra«», capítulo 2 de *El encuentro con la sombra*. Edición a cargo de Connie Zweig y Jeremiah Abrams, 1991. Pág. 1. Editorial Kairós, 1993. Traducción de David Gonzáles y Fernando Mora.

vista de D. Patrick Miller a John A. Sanford en *The Sun*, dijo: «Yo me eduqué entre fundamentalistas religiosos y siempre he visto en ellos una cierta rigidez, como si literalmente estuvieran intentando que ciertas cosas no penetraran en sus mentes, mucho menos expresarlas abiertamente. Esto consume mucha energía.

Stanford continúa diciendo: «Así es, y ello no significa necesariamente que uno termine convirtiéndose realmente en buena persona. Luchar por ser bueno no es más que una pose, una forma de engañarse a uno mismo. De este modo se desarrolla la persona, la máscara de bondad tras la que intentamos encubrir a nuestro ego».[162]

Y sigue en otro aparte: «Es importante comprender la diferencia crucial existente entre la sombra y la verdadera maldad. Como dijo una vez Fritz Kunkel: "El secreto es que el mal no hay que buscarlo en la sombra, sino en el ego". La sombra no siempre es el mal, la sombra es únicamente lo opuesto al ego. Por eso Jung dijo que la sombra contiene el noventa por ciento de oro puro».

Stanford destaca algo que para mí es muy importante: «La sombra nunca miente sobre sus motivaciones reales, es el ego el que lo hace». Es por ello que el éxito de cualquier terapia que tenga como función principal integrar a la sombra, como es el caso de la BioNeuroEmoción, al tomar conciencia de este proceso se puede evitar que nuestro ego siga proyectando en ella lo que consideramos malo. Si lo miramos desde el punto de vista de la filosofía cuántica, consiste simplemente en no hacer juicios.

No debemos olvidar que las enfermedades mentales y fisicas contienen pautas y valores inconscientes fundamentales para el desarrollo de nuestra integridad. En BioNeuroEmoción entendemos que hemos de prestar atención a nuestros síntomas sin tratar de modificarlos. Nos preguntamos constantemente: «¿Para qué mi biología da esta solución?».

---

162 Ibid, pág. 2.

Sobre la integración, que para nosotros es la clave de la recuperación de la salud, *es muy importante mantener una atención frente a los dos polos (la personalidad y la sombra) y cuando el Yo sea capaz de soltar ambos lados hallará una solución, pues creará un vacío que será llenado por el inconsciente*, he aquí una manera de encontrar la solución a nuestros bloqueos.

Siguiendo con la misma línea de razonamiento, cuando empezamos la integración, debemos entrar en otro tipo de pensamiento para llegar a nuestra coherencia. Cuanto más tratamos de vivirla y de seguir nuestro camino, más nos molesta la rigidez de las normas y los valores colectivos. Debemos liberarnos del poder del psiquismo colectivo y del entorno que nos rodea y estar dispuestos a parecer antisociales, egoístas, y hasta a vivir el desprecio de los demás. Entonces, y solamente entonces, sobrevolarás a la sombra y vislumbrarás la libertad que te llevará a la curación de tus males.

Como dijo Chuang Tzu:

> *Solo el hombre perfecto puede trascender los límites de lo humano sin retirarse, no obstante, del mundo; vivir de acuerdo a la humanidad y sin embargo no sufrir por ello. El hombre perfecto no aprende nada de las enseñanzas del mundo y conserva su propia independencia.*[163]

Todo ello se puede resumir en que debemos aspirar a convertirnos en nosotros mismos y a integrar lo que somos en el mundo.

Cuando integramos nuestra sombra estamos liberando y atenuando la oscuridad moral del mundo. Nuestra toma de conciencia de que hay algo que está por encima del bien y del mal hace que la psique colectiva se libere de cargas ancestrales y ayudamos a que el mundo deje de repetir ciertos aspectos de la historia.

---

163 Gary Toub, «La utilidad de lo inútil». *Encuentro con la sombra*, Connie Zweig y Jeremiah Abrams. Editorial Kairós, 1993, cap. 37, pág. 4.

Siempre hay que trascender los opuestos, llevándolos a un nivel superior de conciencia, y esto no requiere de ningún esfuerzo volitivo, sino de estar dispuesto de dejar tus creencias limitantes, una apertura de la mente y ser plenamente conscientes de que nuestros valores no son reales, sino maneras de vivir y entender las cosas para poder relacionarnos en el mundo.

La curación de nuestros males físicos y mentales pasa por la integración y por trascender nuestras percepciones. Hay que llegar a un punto de comprensión donde un antiguo odio se convierta en un nuevo amor.

> *Si permites que lo que está en tu interior se manifieste, eso te salvará. Si no lo haces, te destruirá.*
>
> Jesús

Cuando alguien integra su sombra, posee tal calma que no parece de este mundo. Esta integración le proporciona al sujeto una energía y una inteligencia que antes no le era propia. Su cuerpo aparenta una edad, su mente y sus movimientos aparentan, sencillamente, otra edad más joven.

Veamos una consulta de integración

De lo primero que debemos de ser conscientes es del bloqueo de querer mantener nuestros síntomas.

No tiene sentido que nos preguntemos cómo podemos desembarazarnos de los síntomas, porque esto supondría que nosotros no somos los responsables de ellos.

La razón por la que el síntoma o la enfermedad no desaparecen es porque tratamos de hacerlos desaparecer. Querer hacer un cambio conductual sin el cambio emocional no funciona porque excluye a la sombra. Entonces, una manera de trascender el síntoma es:

1. Exagerar deliberadamente el síntoma y experimentarlo plenamente. «Odio a mi madre», hay que llevar a la exageración este odio. Si me siento deprimido llevo a esta un estado más profundo; si estoy tenso, aumento la tensión, etc. Cuando admito mi ansiedad dejo de estar ansioso. Los síntomas desaparecen si dejamos de preocuparnos por ellos y trabajamos en la integración de los mismos. ¿Qué hay detrás de ellos? ¿Qué me quiere decir mi inconsciente con ellos?
2. Invertir la proyección. Cuando soy plenamente consciente de mis emociones ocultas y reprimidas, entonces puedo invertir la proyección. Por ejemplo: «Me siento herido por esta persona», se convierte en «Deseo dañar a esta persona».
   A veces proyectamos nuestras propias virtudes y entonces nos quedamos «colgados» de ciertas personas y nos hacemos dependientes de ellas. Tenemos que darnos cuenta de que lo que amamos o aborrecemos de los demás no es más que una cualidad de nuestra propia sombra.
3º Escribir sobre los demás. Escribir sobre los rasgos de la persona: sabiduría, inocencia, valor, malicia, celos, paciencia, inmadurez, responsabilidad, etc. También sobre las emociones que tenemos sobre los otros: rabia, ira, cólera, odio, miedo tristeza, alegría, asco, etc. Este reconocimiento y aceptación constituye una apertura para la paz interior que hace que la sombra pueda emerger.

Epílogo sobre la sombra

Querida sombra, te permito que sobresalgas, tu liberación es mi futura sabiduría, tu expresión me permite realizar mi plenitud.

Sal del anonimato para que pueda conocerme, sal del anonimato para que pueda saber cuál es mi potencial, sal del anonimato para que pueda conocer mi capacidad de expresión, sal del anonimato para que mi creatividad se exprese a su máximo nivel.

Conocerte me permite liberarme del bien y del mal. Liberarte me permite encontrar las puertas del conocimiento y encontrar mi divinidad.

Trabajar contigo me permite encontrar la vida auténtica. Me permite liberarme de ataduras basadas en las opiniones de los demás, de sus críticas, de sus proyecciones, de sus manipulaciones. Ahora sé que todo lo que me rodea forma parte de mí. Ahora sé que lo que me rodea es el espejo en el cual puedo verme a mí mismo y ver todos aquellos aspectos que antes no podía ver.

Gracias por permitirme reírme de la vida, porque el humor y la risa son una puerta para que pueda expresarme. El humor es la conexión con la relatividad de las cosas, el no tomarme demasiado en serio me permite liberarme, sale a relucir aquella parte escondida y entonces me puedo reír de ella.

Gracias sombra porque escondes el oro del cual yo no era consciente. Hacerte brillar me permite brillar, y cuando brillo, todo lo que me rodea brilla, porque mi percepción queda sanada y esta me permite vivir otra realidad que refleja la realidad que pueden vivir los demás.

Si puedo elegir lo que hago en el mundo, entonces puedo elegir y asumir mi responsabilidad por todo lo que creo en él.

Termino con una reflexión de Jung, el gran maestro:

> *La visión solo llegará cuando uno pueda mirarse a su corazón. El que mira afuera sueña, el que mira adentro despierta.*[164]

---

164 Carl Gustav Jung, http://www.frasesdealma.com.

La conciencia total

Ensayo sobre la coherencia magnética del corazón y la coherencia emocional del individuo

Este ensayo aglutina los principios biofísicos de la nueva fundamentación de nuestro método como una evolución natural hacia la salud holística, teniendo como máximo exponente el «bienestar social».

Carl Gustav Jung define a la conciencia como un estado de estar alerta o estar despierto y en su centro se encuentra el yo. Es la entrada al vasto interior que llamamos «psique». La conciencia es un «campo», y la personalidad empírica es nuestra personalidad tal como la conocemos y la experimentamos. Por ello, Jung decidió separar el consciente del inconsciente en un punto muy avanzado del desarrollo: aquel donde nos damos cuenta de nuestros propios procesos internos.[165]

Gregg Braden nos dice:

> *Aunque no conocemos muchas cosas sobre la conciencia, hay algo que sabemos con seguridad: que se compone de energía, y que en esa energía está el magnetismo. Un creciente conjunto de investigaciones sugiere que los campos*

---

165 *Introducción a la Psicología Junguiana,* Ediciones Obelisco, 2002, pág. 31.

magnéticos terrestres cumplen un importante papel al conectarnos unos a otros, así como al planeta.[166]

Un servidor, cuando habla de tomar conciencia, procura ir un poco más allá. Hablo de tomar conciencia como un estado superior, un estado de comprensión total de que todo está unido y entrelazado. El primer nivel de conciencia, tal y como lo expone Jung, es un nivel donde vive el ego («yo»), donde se experimenta separación con todo lo que me rodea y este «yo» cree y piensa que está separado y que lo que le ocurre no tiene nada que ver con él. Es más, este «yo» vive las situaciones o puede vivirlas como traumáticas e injustas.

Al tomar conciencia del nivel del cual estoy hablando lo primero que ocurre es que experimentamos un sentimiento de unidad y de estar conectados con todo. En este proceso el juicio se hace innecesario porque uno comprende que cualquier suceso «aparentemente» externo a él tiene su responsabilidad. Esta toma de conciencia libera al ego y empieza a deshacerse. Aquí es donde el Observador toma conciencia de su poder y de su responsabilidad.

Este acto de conciencia te permite salir del victimismo y te hace crecer hacia una edad adulta de la psique. Esta edad adulta se refleja en que tu concentración como Observador de las circunstancias de la vida, se pueden cambiar. El Observador con la conciencia total puede declarar que puede cambiar la realidad que está viviendo concentrándose en otra realidad, pero con la conciencia de un deseo libre de condiciones, de deseos egoicos, con la sabiduría de que hay un centro que guía sus deseos y que beneficia a todos.

Este centro es nuestro corazón. Vivimos en una sociedad donde el centro de nuestro universo es la mente y el cerebro, todo lo demás gira alrededor del raciocinio y de la dictadura de estos.

---

166 Gregg Braden, *El tiempo fractal*, Editorial Sirio, pág. 201.

Estamos frente a una revolución a lo Copérnico. Hoy es el momento de comprender que el centro de nuestro sistema, el Sol que alumbra nuestra vida y nuestras decisiones es nuestro corazón.

El Instituto HeartMath nos dice que el corazón tiene una inteligencia muy rápida, la inteligencia emocional, de naturaleza intuitiva. Como dice la sabiduría popular: «El corazón tiene razones que la razón no entiende». Ante un problema que la mente no sabe cómo resolver se suele decir: «Sigue los dictados de tu corazón».[167]

Dicho instituto ha demostrado que el corazón manda señales al resto del cuerpo. Hoy sabemos que la función cerebral depende mucho de las señales que manda el corazón.

La función de este instituto es demostrar científicamente lo que los maestros espirituales venían diciendo desde hace miles de años.

Esta inteligencia del corazón es un programa universal, es un programa de supervivencia para cada uno de nosotros. Está conectado al Campo Universal, y este a nuestro Inconsciente Biológico. El corazón sería la puerta de entrada a esa vasta inteligencia donde siempre podremos encontrar respuesta a nuestras preguntas.

Es una inteligencia para tomar grandes decisiones, para ello es necesario estar en una quietud mental, dejar que el corazón nos ilumine con sus intuiciones y con su sabiduría. A este tipo de escucha la podríamos llamar «inteligencia emocional».

El Instituto HeartMath también dice que el campo magnético del corazón, que es cinco mil veces superior al del cerebro, está conectado al campo magnético de la Tierra.

Afirman también que para mantener un campo magnético fuerte es necesario que nosotros estemos en coherencia, coherencia emocional donde la mente esté al servicio del corazón y que,

---

167 Instituto HeartMath. Entrevista a Howard Martin en «La ciencia del corazón, ciencia y conciencia». Ciencia y Consciencia. Revista en internet.

por lo tanto, los actos que el individuo haga estén en coherencia con el corazón.

Lo más sorprendente es ver que el corazón trabaja de una manera armoniosa cuando uno se encuentra agradecido o apreciando, esas emociones son las que se manifiestan con un ritmo armonioso. Ver la gráfica.

Es por todos conocida la frase «perdonar es sanar», seguro es porque cuando no están presentes las emociones de rencor, resentimiento, odio, envidia o miedo (todas en el área de frustración) puede hacer su aparición la emoción que permite al corazón trabajar armoniosamente y por lo tanto influir positivamente en la salud.

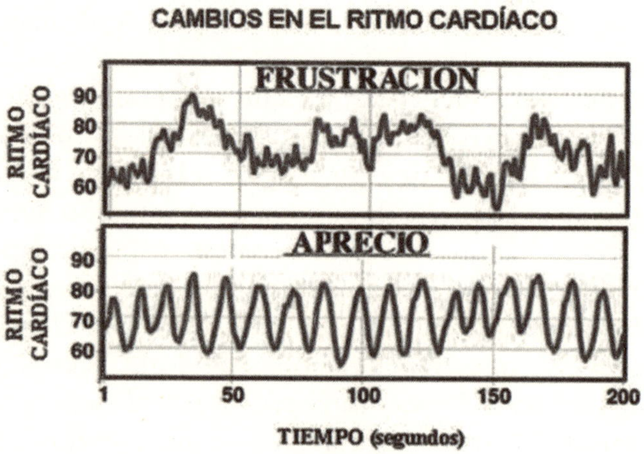

Figura obtenida del libro de David Servan-Schreider, *Curación emocional*.

Hemos visto —al graficar su emoción— como muchas personas pueden decir que se sienten bien, pero su realidad es otra. Y es que la emoción no habla el mismo lenguaje que el intelecto.

Se dice en Oriente que la emoción es equiparable a un caballo y el pensamiento al conductor, ellos no hablan el mismo idioma;

el conductor no pide a los caballos con palabras «Por favor, detente», o «Por favor, gira a la derecha», el conductor debe transmitirle una emoción al caballo para que este obedezca o comprenda las ordenes que le dan. La orden debe vivenciarse, que se sienta en nuestra corporalidad, en nuestra visceralidad, de no ser así no se puede transmitir ni obedecer ni aun queriendo.

Cuando el campo magnético del corazón está fuerte, nuestro cuerpo manifiesta esta coherencia en una forma de armonía biológica, nuestros sistemas fluyen, nuestra mente está clara y nos sentimos relajados y en paz. Cuando nuestra mente está sometida a emociones tóxicas, nuestro corazón pierde coherencia magnética y nos sentimos desorientados y con desequilibrios fisiológicos. Y si seguimos por un tiempo en este estado de falta de coherencia, entonces enfermamos.

Al corazón no se le puede engañar, tiene unas 40 000 neuronas. Este cerebrito tiene una memoria, pero su memoria va más allá de lo que entendemos como memoria. La memoria del corazón está conectada a la memoria universal, al campo de las infinitas posibilidades.

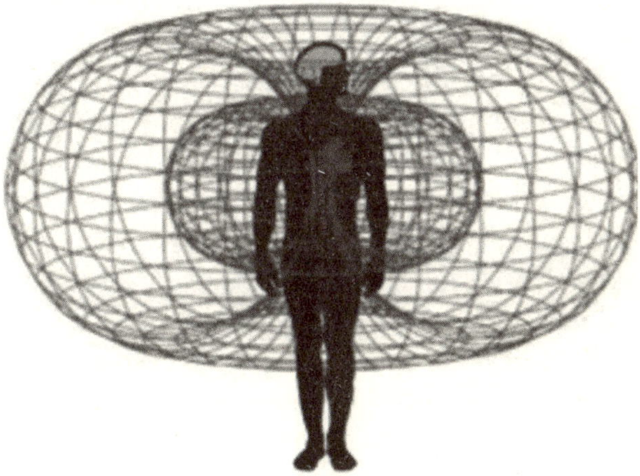

Figura del Instituto HeartMath

Hay que unir los corazones de cada uno para aumentar la conciencia, o lo que es lo mismo, potenciar el campo magnético de la Tierra potenciando el campo magnético corporal.

El campo magnético de la Tierra

El campo magnético de la Tierra, como nos explican algunos científicos, se está debilitando y se observa el cambio de los polos magnéticos. Algunos dicen que este cambio de polaridad podría suceder en cualquier momento. Esto ha ocurrido centenares de veces según informa la ciencia europea de investigación del campo magnético.

Un nuevo estudio afirma que cambios rápidos en el movimiento del líquido del núcleo externo de la Tierra están debilitando el campo magnético en algunas zonas de la superficie del planeta.

«Lo más sorprendente es que se producen cambios rápidos, casi repentinos, en el campo magnético de la Tierra», dice el coautor del estudio, Nils Olsen, un geofísico del Centro Espacial Nacional de Dinamarca, en Copenhague.[168]

Los hallazgos sugieren que simultáneamente están produciéndose también cambios rápidos en el metal líquido a 3000 kilómetros bajo la superficie.

El flujo arremolinado del hierro y del níquel, fundidos alrededor del núcleo sólido de la Tierra, desencadena una corriente eléctrica que genera el campo magnético del planeta.

El estudio, publicado recientemente en *Nature Geoscience*, simuló el campo magnético de la Tierra usando nueve años de datos precisos de satélite.

Los investigadores han comprobado que las fluctuaciones en el campo magnético se han producido en varias zonas muy distantes de la Tierra.

---

168 www.nationalgeographic.es.

En 2003 unos científicos encontraron cambios marcados en el campo magnético en la región de Asia y el Pacífico. En 2004, no obstante, los cambios se centraron en Sudáfrica.

«Estos cambios pueden indicar la posibilidad de una próxima inversión del campo geomagnético», dice la coautora del estudio, Mioara Mandea, una científica del Centro alemán de Investigación de Geociencias de Potsdam.[169]

El campo magnético de la Tierra se ha invertido cientos de veces a lo largo de los últimos mil millones de años y el proceso completo podría llevar miles de años más.

El declive del campo magnético también está abriendo la atmósfera superior de la Tierra a radiaciones intensamente cargadas de partículas, según los científicos.

Los datos del satélite muestran que el campo geomagnético está reduciéndose en la zona del Atlántico Sur, según Mandea, a lo que añade que una zona con forma de óvalo al este de Brasil es notablemente más débil que latitudes similares en otras partes del globo.

«Es en esta zona donde el efecto pantalla del campo magnético se reduce seriamente, lo que permite que partículas de alta energía del cinturón de radiaciones penetren en la atmósfera superior a altitudes por debajo de los cien kilómetros», dice Mandea.

«Esta radiación no influye en las temperaturas de la Tierra. No obstante, las partículas sí afectan a los equipos técnicos y de radio y pueden dañar el equipamiento electrónico de los satélites y los aviones», dice Olsen, del Centro Espacial danés.

La observación sigue

«El estudio documenta la velocidad a la que cambia el flujo del núcleo terrestre», dice Peter Olson, un profesor de Geofísica de la

---

169 www.nationalgeographic.es.

universidad Johns Hopkins de Baltimore (Estados Unidos), que no participó en la investigación.

«Usando las imágenes de satélite, los investigadores disponen de una medida casi continua de los cambios», afirma.

«Proporcionan una buena base para seguir observando», dice Olson.

Y según Mads Faurschou Knudsen, del departamento de Geología de la Universidad de Aarhus de Dinamarca, «Nuestros resultados muestran una fuerte correlación entre la fuerza del campo magnético de la tierra y la cantidad de precipitaciones en los trópicos».[170]

Reflexionemos

Lo que está claro es que hay algo que relaciona los acontecimientos terrestres con los cambios del campo magnético de la Tierra. Todos sabemos que los campos magnéticos de la Tierra son las autopistas que utilizan los animales que migran. Sus cerebros contienen magnetita, y por lo tanto estos se ven afectados por las fluctuaciones o variaciones de este campo. Aquí podríamos encontrar la posible explicación a que manadas de ballenas o delfines encallan en las costas como una especie de suicidio colectivo. ¿No será el cambio magnético la causa de tales accidentes? ¿Y no será que nosotros tenemos algo que ver con estos cambios magnéticos y por lo tanto con estos accidentes?

Todo parece indicar, así lo constatan los estudios científicos, que el hombre tiene que ver con estos cambios y que estos cambios afectan también al hombre, pues se han encontrado en el cerebro de este millones de partículas de magnetita.

Las emociones del corazón que nos caracterizan como seres humanos parecen influir en los campos magnéticos del planeta.

---

170 www.nationalgeographic.es.

Esto interacciona con los cambios climáticos y con la paz en la Tierra.

Estudios realizados a través de satélites que están midiendo continuamente las fluctuaciones del campo magnético terrestre demuestran que en ciertos lugares hay como unas bolsas más condensadas de magnetismo y que tienen mucho que ver con lo que sucede allí, y por supuesto con las creencias y valores de sus habitantes.

Gregg Braden, en su libro *El tiempo fractal*, expone:

> *En setiembre de 2001, dos satélites metrológicos geoestacionarios (GOES) que orbitaban alrededor de la Tierra detectaron un aumento de magnetismo global que cambió para siempre la forma en que los científicos contemplaban nuestro mundo y a nosotros mismos. El Goes-8 y el Goes-10, en las lecturas que transmiten cada 30 minutos, mostraron incrementos significativos en la fortaleza de los campos magnéticos terrestres.*[171]
>
> *El Goes-8 detectó, a 40 000 kilómetros sobre la línea del ecuador, un incremento que alcanzó casi 50 unidades más de lo habitual 15 minutos después de que el primer avión chocara contra las Torres Gemelas, y unos quince minutos antes del segundo impacto.*
>
> *Las preguntas surgieron por sí solas: ¿había alguna relación entre los ataques y las lecturas de los satélites? Y si era así, ¿cuál era el vínculo?*

Hoy en día parece que esto está claro, estamos influenciados e influenciamos a través de los campos magnéticos.

Por lo tanto, sí había relación entre los ataques y las lecturas de los satélites, y el vínculo son las emociones, sencillamente porque, como hemos dicho anteriormente, los estudios del instituto He-

---

171 Gregg Braden, *El tiempo fractal*, Editorial Sirio, pág. 201.

ratMath así lo demuestran. Las emociones afectan a nuestro cuerpo a través del campo magnético y la idea es que despertáramos a una Conciencia Total en donde una gran cantidad de personas se centraran en sanar sus campos magnéticos y de esta forma fortalecer el campo magnético terrestre.[172]

Según palabras de uno de los pioneros de este instituto Howard Martin; «Regular las emociones es el próximo paso en la evolución humana».[173]

La importancia del cerebro en la enfermedad

A la luz de estos descubrimientos nace una nueva tri-biología, la formada por cerebro/corazón/cuerpo. Como ya hemos dicho, el cerebro se halla sujeto a la influencia de los campos magnéticos, pero sobre todo a la influencia del campo magnético del corazón.

Cuando la mente no escucha los dictados del corazón puede sobrevenir la enfermedad, y en función de su gravedad, esta se manifiesta de alguna forma en el cerebro. El doctor Hamer nos dice que se forman anillos concéntricos en ciertas áreas del cerebro y que están relacionadas con ciertos conflictos emocionales. Sin entrar en profundidad en esta teoría, nosotros, en BioNeuroEmoción, estudiamos esta relación y a la vista de lo expuesto anteriormente cabe suponer que si equilibramos la coherencia magnética de nuestro corazón podemos equilibrar los campos

172 Para una mayor información sobre la hipótesis de la relación entre las emociones basadas en el corazón y los campos magnéticos de la Tierra consultar: http//www.glcoherence.org/index.php?option=com_content&task=view&id030&sectionid=4

173 Howard Martin cita durante su presentación el 2 de diciembre del 2007, en San Francisco, California. http://www.slideshare.net/david_huerta/la-ciencia-del-corazon-entrevista-a-howard-martin

magnéticos del cerebro y este equilibrar los sistemas fisiológicos correspondientes y producirse la sanación corporal.

Nuestro método está encaminado desde un principio a buscar la coherencia emocional de nuestros clientes, para ello buscamos el conflicto emocional primario donde se encuentra la emoción oculta. Pretendemos que el cliente tome conciencia y que con ello logre equilibrar su coherencia emocional. Cuando la persona cobra este estado de conciencia, pasa a la acción y produce cambios en su vida a fin de lograr la tan ansiada coherencia emocional.

La explicación sería que cuando nosotros alteramos la coherencia magnética del corazón, este envía una información a nuestro cerebro, el cerebro la procesa biológicamente alterando las neuronas correspondientes, dicho de otro modo, alterando el campo magnético del cerebro. Esta alteración produce una respuesta fisiológica que se manifiesta en nuestro cuerpo, el cual responde a modo de «eco» a la alteración cerebral. Esta alteración afecta al campo magnético de la célula hasta tal punto que pierde su coherencia y la desconecta de la realidad.

El cáncer sería la máxima expresión de esta falta de coherencia. Una célula cancerígena es una célula que ha perdido su rumbo, se desconecta de la realidad, ha perdido su apoptosis (no muere). Su muerte es la destrucción del todo, en este caso el cuerpo. La persona que tiene cáncer es el reflejo de sus células, su vida es una gran falta de coherencia, es una persona totalmente desconectada de la realidad; su mente vive en un mundo desconectado de los dictados de su corazón. Estas personas creen que hacen las cosas por amor a los demás y las hacen como consecuencia del desamor que se tienen a sí mismas. Son personas que viven en la culpabilidad, y esta emoción produce verdaderos estragos en la coherencia magnética del corazón. No escuchan a su corazón, escuchan a su mente y creen que lo que esta piensa o dice proviene de su corazón. Nada más lejos de la realidad, el corazón envía los mensajes y la mente no escucha, solo interpreta los mensajes que vienen del exterior; los racionaliza y se altera emocionalmente y estos cambios emocionales afectan al corazón y entonces a este le cuesta encontrar la coherencia, su campo magnético disminuye y la fuerza de respuesta se apaga, su mensaje no tiene eco y entonces sobreviene la muerte corporal porque no hay comunicación entre corazón y mente. Por eso el corazón no padece cáncer, él sencillamente se desconecta cuando sus dictados son ignorados.

Todo lo expuesto anteriormente tiene una base biológica. Daniel Turbón, catedrático en Antropología Física de la universidad de Barcelona, donde ha diseñado la asignatura Evolución Humana durante más de 20 años, dice en relación al sistema límbico:

> *En él se dan respuestas profundamente congénitas como la ira, el miedo, el sexo, así como el olfato, el gusto, el hambre y la sed. Un aspecto crucial del lenguaje es que puede llegar a relacionar dos impulsos no-límbicos, esto es, no asociados a emociones, el concepto (primer impulso) a un sonido (segundo impulso). La mayor parte de los animales solo son capaces de asociar un impulso no-límbico, por lo que su conducta es continuamente emocional.*[174]

Esta definición apoya nuestra hipótesis de trabajo de que el ser humano puede procesar emociones estrictamente mentales, a las que llamamos emociones sociales, y emociones estrictamente biológicas, llamadas por nosotros primarias u ocultas.

Por todo ello, las personas muy mentales procesan emociones sociales, y están en su mente, desconectadas de la realidad, realidad que viene determinada por esas emociones no conscientes llamadas ocultas. Llegan a creer que lo que piensan es lo que sienten, y nada más lejos de la realidad biológica, la que procesa los

---

174 Daniel Turbón, Universidad de Barcelona, *Evolución Humana*, Ed. Ariel, 2006, pág. 70, sello de Editorial Planeta, S. A.

síntomas físicos y que están directamente conectados con el campo magnético del corazón.

Estas personas que están desconectadas de su realidad emocionalmente profunda viven sus vidas al margen de sus sentimientos y emociones primarias o fundamentales; viven la vida de los demás y se olvidan de vivir sus propias vidas; justifican sus actos de una forma estrictamente mental y no escuchan a su corazón. Saben que no expresan sus emociones ocultas, pero se escudan en la justificación de que ellas no son así y que no quieren hacer daño a nadie, sin darse cuenta de que se dañan a ellas mismas. Son personas volcadas al exterior y desconectadas de sí mismas, no se ponen límites y sufren sin darse cuenta de que la causa de sus sufrimientos no son los demás sino ellas mismas por no escuchar los dictados de su corazón.

Nuestro método propone estudiar las causas subyacentes emocionales que hay detrás de todo síntoma o enfermedad. Estamos elaborando un nuevo tratado sobre BioNeuroEmoción y estamos evolucionando hacia un nuevo paradigma.

El nuevo paradigma de la BioNeuroEmoción

Hacia la BioNeuroEmoción[175]

La propuesta del cambio de nombre al método que venimos desarrollando, ahora toma pleno sentido. El futuro de la humanidad dependerá de la forma en que esta gestione las emociones y como las racionalice. Ahora más que nunca estamos ante la gran decisión:

- O nos sentimos unidos a todo
- O nos sentimos separados de todo

Esta toma de decisión hará que el campo magnético de la Tierra reciba nuestro mensaje y esta actuará en consecuencia. Estamos ante el Gran Reto personal y global. Se hace urgente que la humanidad tome conciencia global. Nosotros aportamos nuestro granito de arena con nuestro método de sanación. Entendemos la sanación de una forma Global a través de nuestro cuerpo y nuestra mente, que se manifiestan en nuestras relaciones sociales.

Las relaciones sociales abarcan todos los ámbitos del ser humano, desde la salud corporal hasta la educación como medida preven-

175 Toda la información de este capítulo está basada en la obra *La fundamentación teórica de la BNE*, Sincronía Editorial, 2013, de la que son coautores Enric Cobera y Montserrat Batlló junto a los miembros del OIPS (Órgano de Integración para la Salud).

tiva y gestionadora de la primera. Aquí el gran centro emocional, nuestro corazón, será el guía de nuestras emociones, él nos inspirará en nuestra sanación mental y corporal. Mantener nuestra coherencia magnética implica mantener nuestra coherencia emocional.

El gran reto que proponemos es una concepción holística que tiene como principal objetivo el bienestar social y con ello la calidad de vida acorde con los preceptos de la Organización Mundial de la Salud (OMS).

Por bienestar social entendemos el conjunto de factores que participan en la calidad de la vida de la persona y que hacen que su existencia posea todos aquellos elementos que den lugar a la tranquilidad y a la satisfacción humana.

La calidad de vida se entiende como un concepto para evaluar el bienestar social general de individuos y sociedades por sí, es decir, informalmente, la calidad de vida es el grado en que los individuos o sociedades tienen altos valores en los índices de bienestar social. También se define en términos generales como el bienestar, la felicidad y la satisfacción de un individuo, que le otorga a este cierta capacidad de actuación, funcionamiento o sensación de vivir una vida positiva. Su realización es muy subjetiva, ya que se ve directamente influida por la personalidad y el entorno en el que vive y se desarrolla el individuo.

La OMS nos dice que la calidad de vida es «la percepción que un individuo tiene de su lugar en la existencia, en el contexto de la cultura y del sistema de valores en los que vive y en relación con sus objetivos, sus expectativas, sus normas, sus inquietudes». Se trata de un concepto muy amplio que está influido de un modo complejo por la salud física del sujeto, su estado psicológico, su nivel de independencia, sus relaciones sociales, así como su relación con los elementos esenciales de su entorno.

Nosotros entendemos la salud según la **Declaración de Alma-Ata** (1978) y la **Carta de Otawa** (1986).

«La salud es un estado completo de bienestar físico, mental y social, y no solamente la ausencia de afecciones o enfermedades».

Las necesidades fundamentales deben estar cubiertas: afectivas, sanitarias, nutricionales, sociales y culturales.

Las condiciones y requisitos para la salud son: la paz, la educación, la vivienda, la alimentación, la renta, un ecosistema estable, la justicia social y la equidad.

Nosotros reconceptualizamos nuestra imagen puesto que nuestro campo de acción siempre ha abarcado la relación de las emociones inconscientes sobre el bienestar del individuo y su impacto en la biología, siendo este el aspecto más importante y diferenciador: el aporte al bienestar social a partir de la investigación desde este nuevo paradigma, el estudio de fenómenos históricos, el desarrollo de un inconsciente colectivo que surge de los cambios y curaciones emocionales de individuos y el aporte incuestionable en el funcionamiento familiar y de la sociedad. Implica el estudio de una forma de vida que enseña que a través de la toma de conciencia de las emociones ocultas o reprimidas se puede obtener una mayor calidad de vida y bienestar social.

La BioNeuroEmoción es, por lo tanto, un método integrador y holístico que estudia la correlación entre las emociones inconscientes provocadas por situaciones vivenciadas como impactantes para el individuo, su expresión y localización a nivel del sistema nervioso y las modificaciones que provoca en la biología, manifestaciones a través de un síntoma, dolencia o desajuste orgánico, mental o conductual que opera como un mecanismo de adaptación biológica, incluyendo los comportamientos inconscientes que se transmiten de generación en generación. Asimismo, propone las vías para la toma de conciencia y el cambio de estas emociones, y de esta forma contribuye a la disminución o remisión del desajuste observado con el consiguiente aumento de la calidad de vida y el bienestar social, potenciando el resultado de otras intervenciones de carácter socioeducativo y de salud.

Actualmente nosotros, a través de los órganos oficiales de Cuba, estamos haciendo protocolos científicos sobre diferentes patologías, destacando entre ellas la hipertensión arterial, las alergias alimentarias, sobre el SOMA, todas ellas y las que siguen van saliendo en la revista científica digital CorSalud que el lector puede encontrar en nuestra página web: www.bioneuroemocion.com.

Una cosa importante de este nuevo paradigma es el estudio de la reinserción social de adultos y niños inadaptados y violentos. Estudios que se están realizando actualmente y que los primeros cortes dan resultados estadísticos altamente significativos, por lo que los estudios se están ampliando.

Nuestra propuesta es empezar desde abajo, desde la educación a los niños, mientras reeducamos a los mayores. Las consecuencias serán de orden mundial: ya nunca más la salud dependerá del poder económico de la asistencia social de los Estados, haciendo que estos se endeuden hasta extremos indigeribles. La salud será patrimonio de cada cual y el bienestar social dependerá de que el Estado enseñe a su población a gestionar sus emociones. La educación emocional se ofrece como el gran método del Cambio Global que nuestro planeta espera para conseguir la Salud Total.

> *La salud de la Tierra depende de la salud de nuestros corazones, mejor dicho, que la salud de nuestros corazones se expanda en nuestras mentes y nuestros actos sean la manifestación de nuestra coherencia.*
>
> Enric Corbera

Creemos que estamos actualmente en la situación histórica que el Comandante Ernesto «Che» Guevara expuso el 19 de agosto de 1960 durante la inauguración del Curso Académico del Ministerio de Salud Pública.

> *Y la Medicina tendrá que convertirse un día, entonces, en una ciencia que sirva para prevenir las enfermedades, que sirva para orientar a todo el público hacia sus deberes médicos, y que solamente deba intervenir en casos*

de extrema urgencia, para realizar alguna intervención quirúrgica, o algo que escape a las características de esa nueva sociedad que estamos creando.
Muchas veces tendremos que cambiar nuestros conceptos, no solamente los generales, los conceptos sociales o filosóficos, sino también los conceptos médicos. Y veremos que no siempre las enfermedades se tratan como se tratan en un hospital.

Ernesto «Che» Guevara

Índice